호모 아르텍스
예술의 달인

달인시리즈 02
예술의 달인 호모 아르텍스

발행일 개정증보판3쇄 2019년 05월 15일 | **지은이** 채운 | **펴낸곳** 북드라망 | **펴낸이** 김현경 | **주소** 서울시 종로구 사직로8길 24 1221호(경희궁의아침2단지) | **전화** 02-739-9918 | **이메일** bookdramang@gmail.com

ISBN 978-89-97969-02-9 04600 | 이 도서의 국립중앙도서관 출판시도서목록(CIP)은 서지정보유통지원시스템 홈페이지(http://seoji.nl.go.kr)와 국가자료공동목록시스템(http://www.nl.go.kr/kolisnet)에서 이용하실 수 있습니다.(CIP제어번호: CIP2013014182) | **Copyright ©** **채운** 저작권자와의 협의에 따라 인지는 생략했습니다. 이 책은 지은이와 북드라망의 독점계약에 의해 출간되었으므로 무단전재와 무단복제를 금합니다. 잘못 만들어진 책은 서점에서 바꿔 드립니다.

책으로 여는 지혜의 인드라망, 북드라망 **www.bookdramang.com**

예술의 달인
호모 아르텍스

| 개정증보판 |

채운 지음

개정증보판 머리말

1.

난 자타공인 조용필의 열혈팬이다. 살짝 고백하자면, 10대를 막 넘은 때부터 지금까지 무려 30년이 넘도록 그의 음악에 대한 '순정'(純情)을 잃지 않았다.(^^;;) 그런 나로서는 해마다 목이 빠져라 그의 앨범을 기다리는 건 당연지사. 드디어 올해, 조용필이 19집을 발표했다. 환호했다. 그의 19집이 '새로운 음악'으로 채워졌기 때문이 아니다. 사실, 하늘 아래 새로운 게 있던가. 공부를 하면 할수록, 철학이든 예술이든 누군가가 이미 오래전에 던진 질문들을 조금씩 변주하고 있을 뿐이라는 생각이 든다. 조용필의 이번 음악도 그렇다. 음악 자체가 새로울 건 없다. 그러나 기존의 음악들을 자기 식으로 변주하여 색다른 뉘앙스의 '조용필 스타일'을 만들어냈다. 놀라운 건 이 지점이다. 그의 부단한 배움과 자기수련!

스타일이란, 말하자면 일관성이다. 일관성이란 고집이 아니다. 신념도 아니다. 어떤 하나를 고집해선 일관성에 도달할 수 없다. 일관성을 구성하는 것은 두 가지, 자기버리기와 자기수련이다. 자기버리기는 새로운 흐름과의 접속이라고 해석할 수 있겠다. 안정된 중심을 벗어나 흐름 속에서 중심을 잃기. 배움이란 그런 게 아닐까. 조용필 자신도 인터뷰에서 말했다시피, 그의 19집은 거장의 자의식을 가지고 '자기만의 집'을 고수하는 대신 낯선 영토로 기꺼이 자신을 내던진 결과다. 그런 다음엔 그 배움을 체화(體化)할 수 있어야 하는데, 이를 가능케 하는 것이 바로 부단한 자기수련이다. 매일 계속되는 연습(練習), 그건 단순한 반복이 아니라 흐름 속에서의 중심잡기다. 스타일이란 이런 과정을 통해 형성되는 현재적 통찰(vision)이자 관점(perspective)인 것이다.

이런 의미에서 나는 조용필에게 환호한다. 그가 '그 나이에도 불구하고' 새로운 시도를 했다는 사실 때문이 아니라, 자기영토를 안전하게 지키려 들게 마련인 노년에 그 영토를 벗어나려는 실험들로 자신만의 늙음을 새롭게 구성해가고 있다는 사실 때문에! 에드워드 사이드는 몇몇 예술가들의 '말년의 양식'에서 드러나는 기이한 부조화 혹은 불화에 대해 언급한 바 있다. 난 이를, 부단한 자기버리기와 자기수련을 거쳐 노년에 이른 자들이 보여주는 특이한 역량으로 해석하고 싶다. 온몸으로 자신이 살고 있는 시공간에 육박해 들어감으로써 거기에 색다른 뉘앙스와 질감을 부여하는 이 역량. 이야말로 진정 '예술적인 것'이 아닐까. 누군가의 말마따나 "태어났으니 죽을 때까지 살아봐야겠다"는, 삶에 대한 성실함 내지는 예의. 말년에 이르기까지 평상심(平常心)을 놓지 않고 작업을 지속했던 모든 아티스트에게 경배를! 조용필에게 경배를!

2.

바야흐로 디지털 시대다. 이는 단순히 테크놀로지의 변환을 뜻하지 않는다. 테크놀로지가 인간의 몸과 마음의 관계를 근저에서 변형시키는 '단절의 시간'이 도래했음을 의미한다. 정보의 과잉과 히스테리컬한 유통속도가 심신의 수용성과 반응속도를 압도하고 있다. 사람들은 더 새로운 정보를 찾아 끊임없이 접속하고, 신경은 조그마한 자극에도 쉼 없이 반응한다. 이미지의 무시무시한 자가생식과 신체의 파편화. '디지털 치매증후군'이라는 용어가 생기는가 하면, 소통의 과잉 속에서 정신적 공황(우울증)을 앓는 이들이 증가하고 있다. 광활한 정보의 바다에서, 팔딱거리는 신체성은 종종 은폐되거나 부인된다. 신경체계의 과부하와 신체의 무능화. 과연 이런 시대에 예술은 무엇일 수 있는가? 요즘 나의 화두다.

테크놀로지를 부정하는 건 아니다. 뉴테크놀로지와 접속하지 못하는 것도 심각한 무능력이거니와, 예술은 좋든 싫든 테크놀로지와 공모관계일 수밖에 없다. 그러나 호흡을 고르고 테크놀로지를 사유하지 못하는 예술은 쓰레기로 전락할 수밖에 없다.

어떤 경우든, 예술은 정보 자체와 동일시될 수 없다. 정보는 특정한 형식(form)으로 통제화된 코드(code)인 반면, 예술은 오히려 이 형식화된 코드를 교란시키는 무정형(in-formal)의 잡음이다. 감각의 생산을 본질로 하는 한, 예술은 이 몸을, 쉼 없이 흔들리며 중심을 잡아가는 이 묵직한 육신을 떠날 수 없다. 기술적 힘의 막강함을 이 몸과 이 마음으로 감당할 수 없다면 타자와의 공감(共感)은 불가능하다. 공감이란 정보의 교환이 아니라 신체성의 교류이자 마음의 나눔이기 때문이다. 싸늘하게 사랑하고 헤어지고 죽이는 시대, 서로의 눈을 보고 대화하는 대신 스마트폰으로 각자의 인터스페이스를 유랑하는 시대. 이런 시대에도, 아니 이런 시대이기 때문에, 우리에겐 더 많은 접촉이(접속이 아니라), 다양한 대항적 속도의 생산이 필요하다.

3.

『예술의 달인 호모 아르텍스』 덕분에 전국 곳곳을 다니며 꽤 많은 강의를 했다. 놀랍게도, 많은 사람들이 '예술'(?)에 목말라했다. 아마도, 두뇌적 의식으로 환원되지 않는 모호한 정서와 감정들, 느낌들을 자신의 언어로 표현하고 싶은 욕망이었을 거라고 추측해본다. 인간에게는 성욕이나 명예욕, 재물욕만 있는 게 아니다. 알고 표현하고 배우고 우정을 나누려는 욕망 또한 그것들 못지않다. 그런 욕망이 작동하는 한, '예술적인 것'은 예기치 못한 방식으로 생산될 것이고, 그런 의미에서 예술은 예술가의 문제가 아니라 인간의 보편적이고도 필연적인 문제다. 어딘가에서 각자의 '예술적인 것'을 생산하고 있을 독자들을 열렬히 응원한다.

강의를 다니며 마주친 이들이 이 책을 살아가게 하는 힘이라면, 북드라망은 내 목소리를 그들에게 전달해주는 확성기이자 나의 밥이다. 특히, 내가 놓친 부분을 꼼꼼하게 지적해주고 아름다운 개정판으로 거듭나게 해준 편집자 혜미, 그리고 본인 코가 석자임에도 세심

한 마음씀으로 날 감동시키는 현경에게는 뭐라 감사의 말을 전해야 할지 모르겠다. 어떻게든 될 거야!^^

예술에서 문제가 되는 것은 지금 만들고 있는 한 획, 한 음, 한 컷이다. 그게 전부다. 그 '전부인 순간'을 놓치고서는 '위대한 예술품'은 고사하고 예술품 자체가 있을 수 없다. 삶도 마찬가지 아닐까. 내 힘으로 내딛는 한 걸음, 온갖 번뇌들로 요동치는 '지금 이 순간, 바로 여기'야말로 삶의 가장 빛나는 자리다. 얼마 전, 함께 공부하던 몇몇 벗들과 조그마한 공간을 마련했다. 기대 없이, 최선을 다해 한 걸음 내딛는 것. 그게 내가 할 수 있는 전부다. 모두의 건투를 빌며!

2013년 7월
규문(奎文) 연구실에서
채운 씀

초판 머리말

예전에 비하면 예술을 향유하는 사람들도 훨씬 많아졌고, 복제물일 지언정 예술 작품을 소유하는 사람들도 많아졌다. 심지어 모 회사의 가전제품 컨셉은 '예술을 내 집안에 담는다'는 거다. 작품(실은 상품이지만) 하나를 집안에 들여놓으면 집안의 품격이 달라진다고? 하긴, TV에 나오는 부잣집의 벽에는 거대한 그림이 걸려 있고, 그들은 클래식이 고급스럽게 깔리는 레스토랑에서 밥을 먹고, 하릴없이 미술관을 어슬렁거린다. 이미지. 예술은 사람들에게 그런 이미지로 작동하고 있다. 구체적으로 우리 삶에 대해 질문하는 대신, 품격 높은 이미지로 삶을 장식한다. 하지만 만일 예술이 그런 거라면, 예술은 정말 아무것도 아니다. 그저 누군가의 소유물에 불과할 뿐. 나는, 예술에 삶을 돌려주고 싶다. 아무에게도 소유될 수 없는 모두의 예술. 그런 예술을 내 공부의 출발로 삼고 싶다.

직장을 그만두고 공부를 시작한 지 꼭 10년이 되었다. 생각해보니, 겨우 10년이 되었을 뿐이다. 공부를 처음 시작했을 땐, 나도 예술에 대해서 다른 사람들과 다를 게 없었다. 어떤 환상이랄까, 그 오묘한 세계에 대한 동경 같은 게 있었다. 어렸을 때부터 그림을 그리고 싶었지만 형편상 일찌감치 꿈을 접고 난 이후로, 가지 못한 세계에 대한 그리움이 점점 커졌던 모양이다. 미술사를 공부하면, 내가 갈 수 없었던 그 위대한 세계를 조금은 엿볼 수 있으리라고 생각했다.

지금은? '겨우 10년'이 지난 지금, 그런 동경이나 환상은 없다. 공부가 날 다른 곳으로 데려다 놓았기 때문이다. 그 동안에 '저 너머'의 예술가들뿐 아니라 '지금 여기'의 많은 스승과 친구들, 그들의 드넓은 사유와 실험을 배웠다. 그러면서 저 너머의 예술을 지금 여기서 생각하는 법을 배웠다. 그림을 그리고 노래를 만드는 것만이 예술이 아니라는 걸, 오히려 삶 속에 무궁무진한 예술'들'이 있다는 걸 배웠다. 예술이 작동하고 있는 삶을 배웠다. 이 책은 그런 배움의 작은 결과다.

공부를 하면 모든 것과 접속할 수 있다. 예술은 물론, 어떤 세계와도, 어떤 사람과도 접속하고 공감하고, 그럼으로써 '세상의 모든 예술'을 경험할 수 있게 된다. 예술을 하고 싶어 하는 친구들뿐 아니라, 예술이라는 말만 들어도 '난 무식해!'라며 장막을 치는 친구들과 내가 기쁘게 경험한 것들을 나누고 싶다. 오히려 '무식한' 사람들이야말로, 이 책과 더 효과적으로 접속할 수 있을지도 모르겠다. 어설픈 경계나 식견으로 예술을 논평하거나 설명하려 들지 않을 것이기 때문이다.

갈수록, 모든 일에는 '결정적인 때'가 있다는 생각을 한다. 그 '때'가 오기 전에는 아무리 발버둥을 쳐도 안 되지만, 그 '때'가 오면

하기 싫어도 하지 않을 수 없게 된다. 인연조건이란 그런 것인가. 이 책이 바로 그런 인연조건의 산물이다. 원고를 처음 기획하고 초고를 쓴 후로 거의 3년이 지났다. 어디가서 떠벌리기도 거시기한 우여곡절은 이제 기억도 가물가물할 지경이다. 각설하고, 묻혀버릴 줄 알았던 원고가 드디어 세상에 나오게 되었다. 이건 순전히, 파워풀한 연구실의 사우(師友)들과, 인문학에 대한 사랑과 저자들에 대한 배려가 가히 '예술적인' 그린비, 그리고 '곰숙님'(고미숙 선생님) 덕분이다. 감사, 감사, 또 감사할 뿐이다.

책의 운명이야 어찌 될지 알 수 없지만, 모쪼록 이 책이 즐겁게 '작동'했으면 좋겠다.

2007년 5월 1일

채운

차례

개정증보판 머리말 ▶ 04 ‖ 초판 머리말 ▶ 09
프롤로그 함께 배움의 길을 떠나자 ▶ 14

1부
예술에 대한 우리들의 오해

아무나 아무 데서나 예술-하기 ▶ 24
천재가 천재다워야 천재지! ▶ 27
재능보다 무서운 끈기 ▶ 29
천재에 무한히 가까운 둔재 ▶ 33
예술은 죽음으로 완성된다? ▶ 35
병과 고통이라는 선물 ▶ 38
미완성을 꿈꾸는 퍼펙트맨 ▶ 41
너머를 꿈꾸는 예술가 ▶ 45
천 개의 눈, 천 개의 세상 ▶ 48
미래를 기억하는 거인-아이 ▶ 52
백척간두진일보 ▶ 55
세상의 모든 선들 ▶ 59
위험한 백일몽 ▶ 63
미래의 천재들을 위하여 ▶ 66
아트톡톡 69 │ 화보 74

2부
예술, 우리들의 크고 단단한 웃음

거리 위의 미술 ▶ 92
낯선 감각을 만나다 ▶ 96
의심하라, 거침없이! ▶ 100
진실보다 진실한 거짓말 ▶ 105
관점의 다양성, 다수의 진실 ▶ 109

세상의 리듬을 타다 ▸ 112
힘을 표현하다 ▸ 115
공감, 변신, 그리고 스타일 ▸ 118
보이지 않는 것을 보는 천리안 ▸ 121
예술, 사랑에 미치다 ▸ 123
물음표-예술 작품 ▸ 126
이제, 예술을 떠나자 ▸ 130
아트톡톡 135 │ 화보 142

3부
예술-하기, 아직 오지 않은 우리들의 예술

돌연한 여행 ▸ 158
동물원 옆 미술관 ▸ 161
실험-예술 ▸ 165
유쾌한 무례함 ▸ 168
실험실의 웃음소리 ▸ 170
액션으로서의 예술 ▸ 173
온몸으로 일상에 돌진하다 ▸ 176
예술, 삶의 활력을 되찾다 ▸ 180
예술, 삶을 위해 싸우다 ▸ 183
예술, 밴드를 꿈꾸다 ▸ 186
아직 오지 않은 우리들의 예술을 위하여! ▸ 192
아트톡톡 207 │ 화보 225

에필로그 내 친구의 집은 어디인가 ▸ 244

부록
에드 우드, 욕망하는 소수자들의 이름—팀 버튼의 「에드 우드」 ▸ 250
인물 찾아보기 ▸ 275

프롤로그
함께 배움의 길을 떠나자

「서편제」(1993)와 「취화선」(2002), 그리고 「천년학」(2007)까지, 임권택 감독의 이른바 '예술 3부작'에서는 거장이 아니면 흉내 낼 수 없는 어떤 '깨달음'이 느껴진다. 그건 감독이 그려내는 한국적 전통 때문도 아니고, 어떤 미학적인 성취 때문도 아니다(사실 이건 내가 알지 못하는 부분이다). 나를 고개 숙이게 만드는 건 예술을 그려내는 그의 태도와 관점이다.

예술이나 예술가를 다룬 동서양의 영화들을 보면, 예술가의 드라마틱한 삶에 초점을 맞추든가 예술적인 성취를 향해 극이 진행되는 경우가 대부분이다. 전자의 경우엔 예술은 보이지 않고 작가의 기행(奇行)이나 고뇌만 크게 부각되기 일쑤고, 후자의 경우엔 결국 "이러저러한 어려움을 뚫고 성공했다"는 진부한 성공담의 반복에 불과하다. 그럴수록 예술과 예술가는 신화화되고, 그렇게 예술은 점점 더 비현실적인 것으로 되어간다.

하지만 임권택 감독의 '예술 3부작'은 그런 식으로 예술을 신화화하지 않는다. 그의 영화에서 '예술'을 규정짓는 것이 있다면, 내 생각에 그것은 배움과 연마의 이미지다. 소리꾼이든 화가든, 그가 그려낸 예술가들은 끊임없이 배우고 연마하고 좌절하고, 그러면서 다시 시작한다. 배움을 찾아 떠나는 그들은 언제나 길 위에 있다. 한 곳에 안주하지 않고 자신을 갱신하기 위해 길을 떠나는, 길 위의 예술가! 예술이란 끊임없는 배움의 과정이며, 여러 번의 담금질을 통과함으로써 조금씩 단단해져 가는 무엇이라는 것. 그런 지혜를 전해주는 현자의 카메라 앞에서 나는 겸허해지지 않을 수가 없다.

'대가' 혹은 '천재'라는 여러 미술가들을 공부하면서 얻은 깨달음은 단 하나, 재능만으로 대가나 천재가 된 사람은 없다는 사실이다. 우리는 '걸작'이라고 불리는 완성작만을 보지만, 그 완성작에는 사실 무수히 많은 질문과 실험과 수련이 담겨 있다는 것. 때문에 걸작은 '성공작'이 아니라 '문제작'이고, 어떤 의미에서는 불완전한 실패작이기도 하다는 것. 그거야말로 가장 값진 배움이었다.

　이 책은 예술에 대한 해설서나 매뉴얼이 아니라, 그런 배움을 함께 나누고 생각하기 위한 일종의 '질문서'라고 할 수 있다. '예술은 무엇인가'가 아니라 '예술은 어떻게 살고 있는가', '예술은 나와 어떻게 만날 수 있는가'라는 물음. 그게 이 책 전체의 질문이다. 우리는 어떻게 일상 속에서 예술을 실천할 수 있을까, 예술은 어떻게 우리의 삶과 조우할 수 있을까?

　1부는 천재에 관한 이야기로 시작된다. 예술가라는 말을 들으면 무의식적으로 떠올리게 되는 '천재'의 이미지. 하지만 신화화된 천재의 이미지야말로 아주 무자비하게 예술로부터 삶을 추방해버린다. 예술 작품은 위대하다, 그건 예술가가 위대하기 때문이다, 고로 예술은 천재들의 영역이다? 하지만 위대한 예술가는 그들이 남긴 작품 때문이 아니라 그 작품에 이르기까지의 과정 때문에 위대하다. 그들 역시 우리와 똑같이 고민하고 실패하고 절망하지만, 중요한 건 그 다음이다. 그 순간에 그들이 어떻게 삶을 긍정하는지, 어떻게 장애물을 뛰어넘는지를 배우자. 그들이 어떻게 세상을 만나고, 어떻게 세상을 느끼고, 어떻게 세상에게 말을 건네는지를 배우자. 허무한 천재예찬 대신 우리 스스로 천재를 배우고, 천재가 되자!

2부는 예술 작품에 관한 이야기들이다. 예술 작품에 대한 친절한 해설 대신 어떤 작품이 던지는 질문들과 그 질문 속에서 불쑥 솟아오르는 새로운 비전들, 그리고 우리가 만들어갈 예술에 대한 또 다른 질문들이 이어진다. 예술 작품은 작가의 개인적인 고뇌의 산물이 아니라 여러 관계들의 마주침의 산물이다. 끌어안고 싸우고 울고 웃고 소리지르는, 총성 없는 전투의 산물. 물론, 그 전투 속에 우리의 자리 또한 마련되어 있다. 어떤 위치에서, 어떤 모습으로, 어떤 무기를 들고 전투에 임할 것인지는 여러분의 선택이다.

마지막으로 3부에서는, 예술을 '사뿐히 즈려밟고' 예술 '너머'로 나아가는 다양한 실험들이 펼쳐진다. 1부와 2부가 여기저기서 끌어모은 '예술 작품-기계'들을 가지고 이리저리 짜맞추고 구성하는 과정이었다면, 3부에서는 그렇게 만들어진 '괴물' 같은 기계들이 움직이고 소리내고 고장나면서 '아직 오지 않은' 새로운 예술의 몸짓들을 보여주고자 한다. 예술도 아니고 예술이 아닌 것도 아닌, 예술이면서 예술을 뛰어넘는 예술, 혹은 예술이 아니지만 예술보다 더 위대한 예술! 그게 뭘까? 독자의 번뜩이는 재치와 센스를 백 퍼센트 발휘해서 더 풍부한 질문들을 구성하시길!

배움은 모방이나 암기가 아니다. 배움은 자신을 실험하는 과정이다. 그래서 위대한 스승은 '나를 따르라'는 말 대신, 제자가 가진 전제들을 깨는 질문을 통해 제자 스스로 다른 곳으로 나아가게 한다지 않는가. 과거의 예술 속에서 현재적인 실험을 발견하고, 그 과정에서

'아직 오지 않은' 우리의 예술을 생각하기. 예술이라는 이름은 버려도 좋다. 예술과 예술 아닌 것의 경계를 만드는 대신, 그 경계를 허물고 예술을 일상의 삶이 되게 하자.

요즘은 숙제 삼아 전시회를 많이 다니는지라, 아마도 이 책에서 만나는 예술가와 예술 작품들은 특별히 새로울 게 없을 거다. 하지만 그 익숙한 작품들 속에서 익숙한 정보나 감각 말고 새로운 목소리와 느낌을 끌어내보시라. 기존에 알고 있던 것들을 모두 내려놓고, 마치 새 학기에 처음 만나는 친구처럼 예술에서 새로운 매력을 발견하고, 자신의 언어로 말 건네보시라. 열심히 배우고 열심히 실험하면서 세상을 향해 자신의 신체를 열어가기! 자신 안에 더 많은 세계를, 더 많은 느낌과 감각을 담기! 예술이란 그런 과정이고, 예술가란 그런 과정을 기쁘게 즐기는 존재들이 아니겠는가!

나는 여전히 배우고 있다. 하지만 다른 많은 사람들은 배우는 것이 아니라 가르치고 있다. 그들은 이미 모든 것을 안다. 그리고 '옳고' '확립된' 것을 고수한다.

러시아의 다큐멘터리 감독 지가 베르토프(Dziga Vertov)의 말이다. 길 위에서 끊임없이 배우는 예술가에게 절대적으로 옳은 것, 절대적인 법칙 같은 건 없다. 예술은 법칙이 아니라, 오히려 법칙이나 화석화된 표준을 깨고 나아가는 저항이다. 옳은 것(진리)을 찾아가는 작업이 아니라, 미지의 우주를 떠돌며 새로운 존재들을 발견하고, 새롭게 삶을 구성해가는 실천이다. 그런 것으로서의 예술을, 이제 우리가 하자!

그렇다면, 지금 여러분들에게 필요한 건 뭘까? 튼튼한 두 다리, 왕성한 소화력, 그리고 아이 같은 웃음! 자, 출발!

1

예술에 대한 우리들의 오해

반 고흐의 「프로방스에서」(1888)

한 사람이 길을 걷고 있다. 그의 옷은 남루하고, 신에는 흙이 잔뜩 묻어 있지만, 그의 눈은 볼 수 없는 것을 보고, 그의 신체는 우주를 감각한다. 길 위의 예술가!

일반적으로, 특정한 직업에는 어떤 전형적인 이미지들이 수반된다. 예컨대 학자는 고상하고 탈속적인 이미지로, 검사는 강하고 정의로운 이미지로, 의사는 지적이고 세련된 이미지로 그려지는 것처럼, 사실 여부와 무관하게 사회적으로 관습화된 이미지들이 있게 마련이다. 예술가에 대한 이미지는 어떨까? 아주 예민하고 신경질적이며 병약하고 괴팍한 사회부적응자의 이미지, 아니면 '뉴욕커'나 '파리지앵' 같은 우아하고 세련된 도시인의 이미지 정도? 그도 아니면, 어딜 가든 감탄을 이끌어내는 '타고난 천재'의 이미지거나.

하지만 예술가에 대한 이런 이미지들이야말로 예술을 일상적인 삶의 활동으로 인식하는 걸 방해한다. 새로운 예술을 찾아가는 우리의 여정은 '예술가'에 대한 그런 관습적 이미지를 지우는 데서 시작될 것이다. 모든 이미지를 다 지우고 난 자리에다 자신만의 새로운 예술가 이미지를 그려보시길.

예술에 대한 우리들의 오해

우리의 허영심과 자기애가 천재 예찬을 부추긴다. 왜냐하면 천재는
한낱 기적으로서 우리와는 아주 먼 존재라고 생각할 때만 천재가
우리의 감정을 상하게 하지 않기 때문이다. …… 우리 허영심의
그러한 속삭임을 간과하면, 천재의 활동도 기계 발명가, 천문학자,
역사학자, 전략의 대가의 활동과 근본적으로 다를 것이 없다.
이 모든 활동은 자신의 사고를 한 방향으로 활용하거나 모든 것을
소재로 이용하고, 자신과 다른 사람의 내적인 삶을 진지하게 관찰하며
여기저기에서 모범과 자극이 되는 것을 찾아내어 그것들을 자기의
수단으로 짜 맞추기를 게을리하지 않는 사람들을 상상해보면 잘 알 수 있다.
천재도 먼저 주춧돌을 놓고, 그 다음 그 위에 세우는 일을 배우게 되면
부단히 소재를 구하고, 그것을 이리저리 만들어보는 일을 할 뿐이다.
단지 천재의 활동만이 그런 것이 아니라 인간의 모든 활동은
놀랄 만큼 복잡하다. 하지만 그 어느 것도 '기적'은 아니다.
──니체, 『인간적인 너무나 인간적인』에서

아무나 아무 데서나 예술-하기

예술가의 삶이나 예술에 관한 책을 보면 거의 습관적으로 따라붙는
흔한 수식어들이 있다. 이를테면 '불꽃 같은 인생을 살다 간 천재 누
구누구'라든가 '천재적인 재능을 가진 비운의 누구누구' 같은 수사

들, 혹은 광기어린·고통스런·운명적인·병적인 등의 단어들이 그렇다. 예술은 이처럼 종종 비극적 이미지로 인식된다. 하늘로부터 신적인 재능을 부여받았지만 그 때문에 질투와 비난을 감내해야 하는, 고통과 비애로 가득 찬, 비극적 운명에 체념하는, 고뇌하고 울부짖는 예술가, 그리고 그런 것으로서의 예술.

예술가라는 말을 들었을 때 우리와는 다른 어떤 특별한 존재를 떠올리게 되는 것은 어쩌면 예술에 덧씌워진 그런 비극적 이미지 때문인지도 모른다. 비극적 이미지가 주는 비장함이나 숭고함 같은 느낌들은 일상적으로 받아들이기엔 지나치게 무겁고 심각하니 말이다. 그러다 보니 "그래, 나 같은 사람이 예술은 무슨……", "예술은 아무나 하는 게 아니고 예술가는 아무나 되는 게 아니다", "예술은 특별한 거니까 예술을 하는 자 역시 특별한 사람들일 게 분명하다", "예술가는 특별하게 태어난 사람이기 때문에 그들이 하는 예술 역시 특별할 수밖에 없다" 등등의 무한한 동어반복이 계속될 뿐이다.

그런데 한편으로는, 예술과 예술가에 대한 어떤 기이한 동경이 있다. 어디에든 '아티스트'라는 꼬리표가 붙으면 굉장히 그럴듯해 보이고, 숙제를 해야 하는 것도 아닌데 음악회나 미술관 같은 곳을 찾아다니며 '예술을 즐기는' 사람들을 보면 어딘지 모르게 교양 있어 보인다. 그래서인지 대학에서 예술 관련 과목을 들으러 오는 많은 학생들은 "교양을 좀 갖추고 싶어서요"라며 머리를 긁적인다. 그리고 보면 우리에게 예술은 외모와 신분을 돋보이게 하는 멋진 명품 옷 같은 게 아닐까 싶기도 하다.

한편으로는 비극적이고 낭만적인 이미지가, 또 한편으로는 세련되고 계몽적인 이미지가 공존하는 예술과 예술가. 어쨌거나 두 경우 모두에 공통적인 건, 그것이 일상적인 삶과는 다른 지평에, 너무 멀리 있다는 사실이다. 그래서 예술은 종종 철학이나 정치, 경제 등과는 달리 '좋거나, 싫거나'라는 개인적 취향의 문제처럼 보인다. 즉 어떻게 살 것인가, 라는 윤리적 물음과는 무관한, 있으면 좋고 없어도 그만인 삶의 조미료 같은 것쯤으로 여겨지는 듯하다. 또 예술가는 자신만의 세계에 빠져 사는 '사회 부적응자'거나 자신만의 스타일을 가진 세련된 도시인쯤으로 이미지화되는 경우가 다반사다. 이런 틀에 박힌 이미지들이야말로 예술과 예술가를 삶으로부터 점점 고립시키는 건 아닐까.

나는 예술과 예술가에 대한 그런 전형적인 이미지를 지우는 데서 얘기를 시작하려고 한다. 예술과 예술가를 커다란 물음표로 바꾸어 놓고 시작하기. 이러저러한 규정을 갖는 '명사'로서가 아니라 '동사'로서 그것들을 활용하기. 예술-하다 그리고 예술가-되다! 이것이 '예술은 예술가가 하는 것, 예술가는 예술을 하는 사람'이라는 대책 없는 악순환에서 벗어나기 위한 우리의 전략이다.

그렇다면 전략의 목표는? 특별한 '누군가'가 아니라 '누구나' 할 수 있는 예술의 영역을 개척하고, 천부적인 재능을 부여받은 '천재'(天才)가 아니라 자신의 능력을 천 가지의 방식으로 사용할 줄 아는 '천재'(千才) 예술가가 되는 것. 한마디로 아무나, 아무 데서나, 예술-하기!

천재가 천재다워야 천재지!

'예술-하기'를 위한 제1과 제1장은 바로 '천재-되기'다. 아니, 천재가 된다고? 그게 노력한다고 되는 건가?? 천재는 타고나는 게 아니던가???

물론, '타고난' 천재들이 왜 없겠는가. 대여섯 살 때 이미 그 어려운 미적분을 이해했다는 수학 천재서부터, 한 번 들은 음악을 그대로 연주했다는 모차르트 이래의 음악 천재들, 세 살에 한문을 깨치고 열 살이 되기도 전에 사서삼경을 모두 외웠다는 천재들까지, 역사상엔 참으로 많은 천재들이 있다. 아니, 그런 천재들만이 역사에 이름을 남기는 것 같다. 때문에 그런 얘기를 들으면 "천재는 1%의 영감과 99%의 노력으로 이루어지는 것"이라는 말은 무수한 둔재들을 위로하기 위해 지어낸 말쯤으로밖에 여겨지지 않는다. 그러니 못난 둔재들이 할 수 있는 거라곤 고작해야 신의 불공평함을 원망하거나, 자신의 무능력을 한탄하거나, 천재의 비범함을 질투하거나, 그도 아니면 "쟤들은 원래 저렇게 타고난 거야"라고 서둘러 체념하는 것뿐.

그런데 걸작을 만들어낸 예술가에게 붙이는 '천재'라는 꼬리표는 그의 작품을 이해하는 데 도움이 되기는커녕 종종 그의 삶과 예술에 대한 많은 오해를 낳는다. 예컨대 천재는 그 어떤 배움이나 연마의 과정 없이 자신의 천재성만으로 결과물을 창조한다고 생각하는 사람들은 예술을 완전한 결과물로, 그리고 예술가를 기적을 행하는 인물로 경탄하고 숭배한다. 하지만 정말 그뿐이라면 천재니 걸작이니 하는 것들이 대체 다 무슨 소용이겠는가? 예찬하는 법을 배우게 하는 것? 아니면 오르지 못할 나무는 쳐다보지도 말라는 교훈을 주는 것?

니체에 따르면 이런 식의 '천재 예찬'이야말로 유아적이고 게으른 사람들의 허영심이다. 이런 사고방식은 일체의 생성 과정을 무시하기 때문이다. 중요한 건 걸작이 아니라 작품이 탄생하기까지의 과정이며, 천재로 태어나는 것이 아니라 누군가가 '천재'라고 불리게 되기까지 그의 삶의 여정과 태도, 그의 배움, 그의 궁리와 모색이다. 하지만 누군가를 천재로 낙인찍어버리면 시작과 끝 이외의 모든 과정은 무시되고, 그저 천재가 만들어낸 놀라운 결과물 앞에서 '원더풀!'을 외칠 수 있을 뿐이다.

상상해보라. 1등을 한 친구가 어떻게 공부했는지를 알아내서 그걸 따라하려고 하는 꼴등의 피로를! 그 순간부터 꼴등의 삶이 얼마나 피곤해질 것인지는 불 보듯 뻔한 일. 하지만 "쟤는 원래 저래!"라고 해버리면 어쩐지 자신의 꼴등이 정당화되는 느낌이랄까, 다른 사람들과 한 편이 되는 느낌이랄까. 어쨌거나 그런 종류의 '안도감'을 느끼게 된다.

니체가 천재 예찬을 비판한 건 이 때문이다. 천재라고 불리는 자들은 예찬되어야 할 신적 존재가 아니라 우리에게 생성을 사유하게 하는 자들이고, 어떤 목적을 향해 달리는 자들이 아니라 과정을 즐기는 자들이며, 타고난 자들이 아니라 끊임없이 배우고 실험하는 자들이다. 그럴 수만 있다면(물론 굉장히 어렵고 드문 일이긴 하지만) 누구나 천재가 될 수 있다. 하지만 우리는 '천재적인 인간'에게서 그런 점을 배우는 대신, 그들을 '원래 그렇게 타고난' 예외적 인간으로 만들어버린다. 그래야 우리의 게으름이 비난받지 않을 테니 말이다. 결국 천재 예찬이란 게으른 자들이 자신의 게으름을 변명하거나 감추기 위해 지어낸 픽션인 셈이다.

우리가 만나게 될 천재들은 특별한 재능을 타고나서 우리를 주눅 들게 하는 기이한 천재들이 아니다. 그들은 온갖 악조건과 불운함 때문에 괴로워하고 때론 열등감을 느끼기도 하지만, 그것 때문에 삶을 포기하거나 운명을 원망하지는 않는다. 그들은 우리와 다른 별에 사는 존재거나 신의 총애를 받은 존재가 아니라, 우리가 사는 이 별에서 '다르게' 사는 자들이다. 그들은 대부분의 사람들이 답이 주어지기만을 기다릴 때 스스로 질문을 만드는 자들이며, 대부분의 사람들이 자신의 한계 안에서 만족할 때 자신의 한계를 실험하고 돌파하는 자들이다. 바로 그런 의미에서, 그들은 위대하다!

천재 아닌 천재들, 아니 천재가 된 천재들은 길이 사라져버린 곳에서 길을 만들고 불쑥 나타나는 장애물 앞에서 새로운 도약을 모색하면서, 누가 뭐라든 묵묵히 자신의 길을 간다. 이제 우리가 그들을 만나러 간다~!

재능보다 무서운 끈기

눈앞에 펼쳐진 아름다운 풍경을 상상해보자. 눈 덮인 겨울 산이어도 좋고, 폭풍이 몰아치는 바닷가여도 좋다. 그리고 우리 앞엔 캔버스가 놓여 있다. 여러분이라면 그 풍경을 어떻게 화폭에 담겠는가? 손으로 네모를 그려 구도를 잡고, 스케치를 하고, 색을 칠하고……. 그리고 완성?

반 고흐의 삶과 예술에 대한 이야기는 많은 사람들에게 익숙한지라, 그의 그림을 보면 누구라도 거의 자동적으로 작품평을 읊을 수 있을 정도다. 생전에 작품을 거의 팔지 못했던 '비인기' 화가였으며, 주기적으로 정신 발작을 일으켰고 권총으로 목숨을 끊었다는 등의 드라마틱한 사건들은 이 화가의 작품을 더욱 비장하게 만들어준다. 그래서 화가의 감정이 그대로 느껴지는 것만 같은 그의 거친 붓질과 강렬한 색채가 즉흥적으로 단번에 그려진 것이라고 속단한다. 또 소용돌이치는 풍경이나 자화상에서 보이는 독특한 스타일이 그의 광기에서 비롯되었을 것이라고 생각한다. 반 고흐가 어떻게 사물을 보고, 어떻게 느끼고, 어떻게 자신만의 리듬을 만들어냈는가 하는 과정에 대한 의문은 접어둔 채, 작품에다 그의 삶에 대한 정보를 직접적으로 대입시키는 것이다. 하지만 반 고흐가 남긴 편지와 일기들을 보면, 그의 작품을 병이나 광기의 즉흥적인 결과물로 이해하는 것이 얼마나 커다란 오해인지를 알 수 있다.

비가 그치고 까마귀가 다시 날아다니자, 기다렸던 걸 다행으로 여기게 되었다. 비 내린 숲의 흙이 찬란한 검은색을 띠었기 때문이다. 비가 오기 전에 시야를 낮추기 위해 무릎을 꿇고 그림을 그리고 있었기 때문에, 비가 그쳤을 때는 진흙탕에 무릎을 꿇어야 했다. 새로운 형식이 탄생하는 것은 바로 그런 식의 모험 덕분이지.
──반 고흐의 『일기』에서

정신이 아찔할 정도로 아름다운 풍경을 보고서도, 많은 사람들은 자신이 배운 것을 그린다. 자신이 느끼거나 본 대로가 아니라 '잘 그린 그림'이라고 알고 있는 대로 구도를 잡고 사물을 스케치하고 채색한다. 사생대회에 참가한 사람들 모두가 다른 성향과 느낌과 라이프 스토리를 갖고 있음에도 불구하고, 입상작들이 거의 엇비슷한 건 아마 그 때문일 것이다. 하지만 반 고흐를 보라! 그는 자연 속에서 새로운 풍경을 발견하게 되는 순간까지 기다리고, 기다리고, 또 기다린다. 자연 앞에서 겸허하게 자신을 낮추고, 자연이 선사하는 감각을 받아들이기 위해 기꺼이 모험을 감행하는 것이다.

세잔 역시 그러한 겸허함과 모험심을 가진 화가였다. 그는 뭔가를 '창조'한다는 자만심 대신 자연을 배운다는 마음으로 산에 오른다. 농부가 농기구를 들고 일하러 나갈 때, 그는 화구를 들고 생트 빅투아르 산을 그리러 나간다. 농부들이 자연의 어떤 재난 앞에서도 포기하는 법 없이 정성껏 농작물을 돌보고 기르듯이, 세잔은 묵중한 바위 덩어리가 자신의 움직임을 보여줄 때까지, 거기서 아직까지 아무도 표현한 적 없는 색과 형태와 낯선 감각이 떠오를 때까지, 지금까지 자신이 알고 있던 모든 화법을 잊고, 심지어는 자신까지도 망각하고 자연과 하나가 될 때까지, 기다리고 또 기다린다.

그가 무수히 많은 생트 빅투아르 산을 그렸지만 작품 대부분이 미완성인 것은 이런 이유 때문일지도 모른다. 그에게 중요한 건 완성작을 그리는 일이 아니라 완성을 향해 나아가는 과정이었다. 세잔은 인상주의의 성공에 취해 재능을 소모하는 대신 자신이 원하는 정확한 이미지를 얻기 위해 아주 천천히 작업한다. 날마다 날마다, 조금씩 조금씩, 실패하면서, 또 조금씩 나아가면서.

장마와 가뭄, 태풍을 견디면서 가을을 기다리는 인내가 농부의 위대함이라면, 세잔의 위대함은 새로운 화면을 얻기 위해 매일같이 산을 응시하는 끈기다. 새가 나는 모습만으로도 날씨를 예견하고, 여름날의 햇볕만으로도 가을날의 수확량을 점칠 수 있는 게 오랜 노동이 선물한 농부의 천재성이라면, 평범한 풍경으로부터 색과 형태의 구조를 추상화해낸 것은 오랜 관찰과 탐구 끝에 도달한 세잔의 천재성이다.

드뷔시는 "나는 다른 어느 것과도 구별되는 하나의 화음을 결정하기 위해 한 주일 내내 매달렸다"고 고백한다. 또 미켈란젤로는 자신이 원하는 표현에 도달하기 위해서 수십 번의 드로잉 작업을 반복했다. 이처럼 위대한 예술은 끈질긴 탐색과 실험과 기다림 끝에 비로소 탄생하는 것이지, 순간적인 영감에 의해 단숨에 완성되는 것이 아니다. 오히려 우리가 영감이라고 부르는 것이야말로 그러한 오랜 인내의 결과라고 해야 할 것이다. "천재는 1%의 영감과 99%의 노력으로 이루어진다"는 에디슨의 말은 절대로 맞다! 역시 에디슨은 천재임에 틀림없다!!

천재에 무한히 가까운 둔재

반 고흐에게 예술가란 "무엇인가를 온전하게 찾아낼 때까지 늘 노력하는 존재"를 의미했다. 천재라는 수식어가 그보다 더 어울릴 수 없을 것 같은 피카소조차 더 잘 표현하기 위해 "한 가지 일을 다시, 똑같은 것을 몇 번씩이나, 나는 흔쾌히 그 일에 착수한다"고 고백한다. 그런 의미에서 예술가란 무엇을 '찾아낸' 존재가 아니라 끊임없이 무엇인가를 '찾고 있는' 존재라고 할 수 있다. 집을 짓고 그 안에 안주하는 자들이 아니라, 길 위에서 질문을 던지며 쉬지 않고 걷는 자들. 천재가 아니라 천재적인 끈기를 지닌 자들이 있을 뿐이며, 예술가가 아니라 그렇게 예술-하는 세잔과 반 고흐, 이러저러한 고유명사들이 있을 뿐이다.

믿기 어렵겠지만, 조선시대의 김득신이라는 사람이 쓴 『독수기』(讀數記)를 보면, 그는 같은 글을 반복해서 만 번 이상씩, 심지어 어떤 글은 무려 1억 1만 3천 번을 읽었다고 한다. 아니, 대체 왜 이런 짓을?!? 그건 물론 웬만해서는 읽은 내용을 거의 기억해내지 못하는 그의 무능력 탓이었다. 하지만 우리를 놀라게 하는 건, 그럼에도 불구하고(!) 포기하기는커녕 외울 때까지 읽고 또 읽은 그의 초인적인 끈기다. 보통 사람이라면 열 번쯤 읽고도 안 외워지면(열 번까지도 안 가는 경우가 대부분이지만), '난 안 돼!'라거나 '책이 뭐 이래? 이건 다른 사람들도 못 외울 거야!'라면서 포기했을 게 뻔하다. 자신의 능력을 폄하하고 스스로를 버린다는 의미의 '자포자기'(自暴自棄)란 바로 이럴 때 쓰는 말이다. 하지만 김득신은 자신의 능력을 '끝까지' 시험한다. 언제까지? 1억 1만 3천 번을 읽어야 외울 수 있다는 걸 확인할 때까지!

사람들은 대개 시험해보지도 않고서 미리 자신의 한계를 정해버리거나, 이와 반대로 '맘만 먹으면 얼마든지 잘할 수 있다'는 근거 없는 자신감에 불타곤 한다. 하지만 김득신은 자신의 무능력을 실험함으로써 무능력을 새로운 능력으로 전환시킨다. 그래서 내게는 다섯 살에 사서삼경을 달달 외웠다는 어떤 천재보다도 김득신 같은 둔재가 훨씬 더 위대한 천재로 보인다. 그는 말하자면 천재가 된 둔재, 천재에 무한히 가까운 둔재다!

인간의 능력은 저마다 다르다. 할 수 있는 것이 다를 뿐 아니라 해내는 능력 또한 천차만별이다. 하지만 중요한 건 능력의 차이가 아니라 자신의 능력에 대한 태도다. 능력이 뛰어난 사람을 시기하고 자신의 무능력을 탓하는 대신, 바로 그 무능력 때문에 능력을 가진 사람들보다 몇 배 더 노력할 줄 아는 용기. 한 번 해서 안 되는 일이라면 백 번이고 천 번이고 반복해서라도 되게 하려는 끈기. 정말 커다란 능력은 바로 이런 용기와 끈기가 아닐까.

오히려 타고난 재능이나 유능함이 살아가는 데 방해물이 되는 경우가 종종 있다. 재능이 오만을 낳고, 오만이 게으름을 낳으며, 게으름은 결국 타고난 재능마저 좀먹는 독이 되기 때문이다. 노래를 잘하는 가수들에게 노래 잘하는 비결을 물으면, 연습을 빼먹지 않을 뿐이라고 답한다. 춤을 잘 추는 댄서들에게 춤을 잘 추는 비결을 물으면, 밥 먹는 시간을 빼고는 춤만 춘다고 답한다. 너무 허무한 답이지만, 따지고 보면 비결 같은 게 있을 리 만무하지 않은가. 그들의 수련 과정이, 그들의 지칠 줄 모르는 열정과 노력이 바로 그들의 '비법'(秘法)인 것을!

천재가 된 천재들은 자신의 재능을 과신하거나 재능에 안주하는 법이 없다. 그들은 늘 세상 앞에서 자신이 부족하다고 느낀다. 그렇다고 열등감에 사로잡혀 괴로워하지도 않는다. 대신 그들은 게걸스럽게 배우고, 그 과정에서 스스로를 실험하고, 매 순간 최선을 다하고, 그럼으로써 순간에 영원을 살고, 지금 미래를 산다. 그런 천재들은 그들과 함께 살아 있다는 사실만으로도 우리에게 기쁨이 되는 존재들이다.

자, 주위를 둘러보라. 분명 여러분 사이에 그런 천재들이 살고 있을 것이다. 아니 어쩌면, 여러분이 이미 그런 천재일지도!

예술은 죽음으로 완성된다?

김동인의 「광염소나타」라는 소설을 아시는지. 주인공이 남의 집에 방화를 저지른 후에 그 불꽃을 보며 악상을 떠올린다는, 말 그대로 '광기의 예술'을 표현한 소설이다. 이처럼 예술가를 주인공으로 하는 많은 영화나 소설을 보면, 그들은 대개 불행하고 비탄에 빠져 있으며, 창백한 병자이고, 끊임없이 방황하다가 끝내 요절하는 우울한 존재들로 형상화된다. 다시 말해, 예술은 삶의 고통을 반영하는 것으로, 예술가는 일상적 삶조차 지탱하지 못하는 나약한 존재로 그려진다. 대체 이 밑도 끝도 없는 예술(가) 이미지는 어디서 생겨난 걸까? 예술은 정말 그런 식으로 삶에 대립하는 걸까? 만일 그런 거라면 예술은 불행의 씨앗? 아니, 불행은 예술의 씨앗?

우리가 알고 있는 많은 예술가들이 병을 앓았다는 것은 사실이다. 그리고 많은 예술 작품이 병의 결과였다는 것도 어떤 의미에선 틀린 말이 아니다. 하지만 이 때문에 예술을 병적인 것으로 이해해선 곤란하다. 예술가의 병이 예술에서 비롯된 것도 아니거니와 예술이 병에서 비롯되는 것은 더더욱 아니기 때문이다. 사실관계로 따지자면 요절한 예술가보다 살 만큼 산 예술가가 훨씬 많을 게 분명한데도, 왜 예술(가)에는 언제나 병적인 이미지가 따라다니는 걸까?

사랑을 그린 많은 드라마를 보면 불치병이나 죽음이라는 소재가 지겹도록 반복된다. 이제 그만할 때도 되었다 싶지만, 여전히 많은 사람들이 욕하면서 울고, 울면서 그런 사랑을 꿈꾼다. "오~, 죽음도 불사하는 사랑이여"를 외치면서! 드라마에서는 연인이 죽으면 나머지 한 사람이 따라 죽는 비현실적인 일들이 흔하게 벌어진다. 뒤에 남아 있는 다른 사람들에 대해선 아무 고민도 없이, 너무 쉽게, 그것도 너무나 아름답게, 그들은 죽는다. 죽음으로써 사랑을 완성한다는 이 잔혹한 역설! 사랑은 그렇게 신화가 된다. 즉 현실 속의 힘이 아니라, 현실로부터 도망치는 판타지가 된다.

이와 유사하게, 예술에 죽음이라는 이미지가 결합되면 예술은 훨씬 더 비극적이고 숭고한 방식으로 신화화된다. 19세기 서양의 예술 사조 중 하나인 낭만주의는 병·광기·죽음 등의 불가해성이나 폭력성을 예술의 중요한 원천으로 보았다. 피를 토하며 글을 쓰는 작가라든지 주위 사람들이나 세상과 끊임없이 불화하는 예술가의 이미지는 대체로 그 시기에 생겨난 것들이다. 하지만 병·광기·죽음은 우리가 흔히 이미지화하는 것처럼 그렇게 비극적인 것만도 아니고, 또 건강·정상성·삶과 반드시 대립하는 것도 아니다.

어떤 일에 지나칠 정도로 의지와 열정을 쏟아 붓거나 집을 떠나 불안정한 여행자의 삶을 사는 것처럼, 대부분의 사람들에게 유해하고 병적인 것으로 취급되는 일들이 어떤 사람들에게는 자연스러운 일이 되는 경우가 있다. 예컨대 며칠 동안 끼니를 잊은 채 미친 듯이 작업에 몰두하거나, 자신이 표현하고자 하는 소리나 색을 찾기 위해 일상적인 삶을 포기한 채 방랑하는 사람들, 혹은 돈을 버는 일에는 아무런 관심 없이 작업에만 빠져 있는 사람들. 이른바 '정상적인' 사고방식을 가진 사람들은 "너 제 정신이니?"라며 그들을 손가락질한다. 이처럼 우리가 '미쳤다'고 판단하는 행위는 정말 '미친' 경우보다는, 당연하다고 믿고 있는 것이나 상식이라고 알고 있는 것을 무시하는 행위인 경우가 많다.

빗속에서 흙 범벅이 되어 그림을 그리는 반 고흐, 돈도 안 되는 그림을 매일 그리러 가는 세잔, 알아주는 사람도 없건만 읽고 읽고 또 읽는 김득신. 그들 역시 그런 의미에서 '미친' 사람들인지도 모른다. 지나친 감수성, 온몸을 던지는 관찰, 지칠 줄 모르고 나아가는 용기, 다른 모든 것들에 무관심할 정도로 한 가지에 집중하는 힘과 끈기 등이 현실에서는 이해 못할 광기나 병처럼 보이는 것이다. 그리고 이런 과도한 열정이 종종 병을 낳기도 한다.

하지만 병에 압도당해서 삶을 원망하거나 포기하는 나약한 병자는 예술가가 될 수 없다. 니체의 말처럼 "병약한 사람은 건강해지지 않으며 애써 자기 자신을 건강하게 만들 수도 없지만, 반대로 전형적으로 건강한 사람은 그 병을 인생을 사는 데, 아니 풍요로운 생을 살기 위한 활동적인 자극으로 수용할 수 있기" 때문이다. 문제는 병이나 고통 자체가 아니라, 병과 고통을 어떻게 삶의 자극제가 되게 할 것인가이다.

병과 고통이라는 선물

병과 고통이 삶의 자극제가 된다고? 어쩐지 좀 자학적인 멘트 같다고 생각할지도 모르겠다. 그런 독자들을 위한 얘기 한 토막.

1949년에 중화인민공화국이 성립된 이후, 티베트를 중국의 땅이라고 선포한 중국은 티베트에 한족을 이주시켜 경제권을 장악하고 티베트의 승려들을 환속시키는 등 티베트 민족을 탄압했다. 그 때문에 티베트의 지도자인 달라이 라마는 망명을 떠나야 했고, 티베트 민족은 길고 긴 독립 운동을 시작했다. 그러니 티베트 민족의 입장에서 보자면, 중국은 그들에게 고통을 가한 잔인한 '적'인 셈이다. 그런데 달라이 라마는 그런 중국 지도부를 오히려 고마운 존재들이라고 말한다. 그들의 탄압 때문에 삶의 터전을 잃었지만, 달리 생각해보면 그들의 탄압 때문에 티베트인들의 아름다운 사상이 널리 퍼져 나갈 수 있었고, 망명의 과정에서 자신들을 지지하는 세계의 여러 친구들을 만날 수 있었다는 것이다. 또 중국 때문에 티베트인들이 고통을 당한 건 사실이지만, 또 다른 한편으로는 그 고통 때문에 오히려 진정한 자비심을 가질 수 있게 되었다고 한다. 달라이 라마와 티베트 민족에게 고통은 불행의 씨앗이 아니라 깨달음의 씨앗이 된 셈이다.

이처럼 병이나 고통은 우리의 삶을 더 단단하게 단련시키기도 하고, 우리를 전보다 더 건강한 존재로 다시 태어나게 하기도 한다. 자신의 발작이 점점 심해지고 있음을 느낀 반 고흐는 심신이 가장 고통스러웠던 마지막 몇 달 동안 가장 정열적으로 그림을 그린다. 그림만이 자신의 몸을 회복시켜줄 것이라고 믿으면서. 그런 점에서, 그의 말기 작품들은 병의 결과물이 아니라, 병으로 인해 한층 강해지는 삶에 대한 사랑의 결과물이다.

클레는 펜을 사용할 수 없을 정도로 손가락이 굽는 끔찍한 질병에도 불구하고 끝까지 그림을 그리면서 외친다. "나는 창조한다. 울지 않으려고!" 병든 예술가들은 쉬지 않고 작업에 매달린다. 울기 위해서가 아니라 울지 않기 위해서, 아프기 때문이 아니라 아프지 않기 위해서. 또 마티스는 말년에 병이 들어 손과 발을 자유롭게 움직일 수 없었지만, 그 때문에 종이와 막대를 이용한 새로운 시리즈를 제작할 수 있었다. 파가니니의 손가락은 비정상적으로 이완됐지만, 그것이 그로 하여금 새로운 바이올린 곡들을 작곡하고 연주하도록 자극했다. 또 베를리오즈는 드럼 외에 어떤 악기도 연주할 줄 몰랐지만, 그 치명적 약점 때문에 오히려 피아노가 들려주는 익숙한 음이 아닌 다른 음들을 만들어낼 수 있었다고 한다.

이들에게는 병이나 약점이 오히려 진부한 예술의 법칙들에서 벗어나도록 도와준 행운이 되었던 셈이다. 그러고 보면 천재-예술가란 불운을 만나지 않는 존재가 아니라, 언제나 불운을 만나지만 그 불운을 행운으로 모드 변환시키는 자들이 아닐까? 그러므로 예술이란 궁극적으로 기뻐할 수 있는 능력, 혹은 기쁨을 만들어내고 전염시킬 수 있는 능력의 표현인 것이다.

병든 예술가들은 병의 명령으로 작업하는 것이 아니라, 그 병을 이기기 위해 작업에 열중한다. 고통의 힘에 의지해 예술을 하는 것이 아니라, 고통 속에서 고통을 이겨내기 위해 예술을 한다. 예술가란 병들었을 때조차도 강한 소질과 정력을 발휘하는, 가장 건강한 자들에게 주어지는 타이틀이다!

세상의 모든 약은 독이라고 한다. 거꾸로 모든 독은 약이 될 수 있다. 어떤 물질이 약이냐 독이냐 하는 건 그것이 어떤 신체와 만나는가에 따라 결정된다. 이와 마찬가지로, 삶을 방해하는 병으로 인해 오히려 삶의 기쁨을 발견한 이들이나 병 때문에 병을 이겨내려는 의지를 키우게 된 이들에게는 병조차 건강이 된다. 건강을 낳는 병! 그리고 그렇게 병을 건강으로 전환시킬 수 있는 자들만이 강한 예술, 건강한 예술 작품을 생산할 수 있다. 아니, 그들의 삶이야말로 모든 예술의 예술, 가장 위대한 예술이리라.

길을 걷다가 갑작스럽게 장애물을 만나면 그걸 넘기 위해 여러 가지 방법을 생각하게 마련이다. 이리저리 궁리하고 시험한 끝에 마침내 그 장애물을 넘고 나면, 우리의 신체는 더 많은 지혜와 능력을 획득하게 된다. 설령 넘지 못했다 하더라도, 그 경험으로 인해 다음에 똑같은 장애물을 만났을 때 넘을 수 있는 가능성은 더 커진다. 그러므로 장애물이란, 어떤 의미에서는 삶이 우리에게 주는 선물이기도 하다. 우리의 무능력과 병과 고통을 재앙이 아니라 선물로, 저주가 아니라 축복으로 만들기! 예술-하기, 예술가-되기!

미완성을 꿈꾸는 퍼펙트맨

동서양을 막론하고 손을 사용해 형상을 만들어내는 미술가들은 단순한 '손기술자'로 취급되었기 때문에, 미술가가 교양인으로 인정받기까지는 꽤 오랜 시간이 걸렸다. 서양에서 미술이 창조적인 행위로 인식되기 시작한 것은 대략 르네상스를 전후한 시기다. 특히 레오나르도 다 빈치와 미켈란젤로 같은 거장들의 출현 이후, 미술은 단순한 손기술이 아니라 무에서 유를 창조해내는 작업이 되었고, 미술가는 거의 신에 맞먹는 '창조자', '인간을 넘어선 인간'의 지위에 오르게 됐다. 말 그대로 '전인'(全人), 퍼펙트한 인간이 등장한 것이다.

르네상스 시대 미술가들의 전기를 쓴 바사리는 자신과 동시대를 살았던 천재 레오나르도 다 빈치를 이렇게 표현한다. "대자연의 흐름 속에서 하늘은 사람들에게 가끔 위대한 선물을 주시는데, 어떤 때는 아름다움과 우아함과 재능을 단 한 사람에게만 엄청나게 내리실 때가 있다. 그러면 이 사람은 그가 하고자 하는 일은 무엇이든 마치 신같이 행하여 모든 사람들보다 우월하다. 인간의 기술로 이루었다기보다는 마치 신의 도움을 받은 것이라고 생각게 한다. 화가 레오나르도 다 빈치가 바로 이런 사람이다." 또 자신의 친구이기도 했던 미켈란젤로에 대해서도 "그는 땅이 낸 사람이 아니라 하늘이 낸 사람이었다"고 기록했다. 바사리 역시 화가였지만, 레오나르도 다 빈치나 미켈란젤로가 보여준 괴물 같은 탐구욕을 '하늘이 내렸다'고밖에는 달리 표현할 길이 없었던 모양이다.

하지만 '하늘이 낸 사람'이었다던 레오나르도 다 빈치는 타고난 재능 따위에 만족하는 오만한 천재가 아니었다. 그는 한없이 낮은 자세로 자연을 탐구했다. 그의 탐구욕이 어느 정도였는가 하면, 이 세상에서 그가 상상하지 않은 것은 하나도 없을 정도였다고 한다. 각종 건축설계도와 동력학 장치들, 운하, 펌프, 식물, 동물, 초목의 특성, 지레, 기중기, 천체의 운행과 달의 궤도, 태양의 움직임에 대한 관찰, 심지어 산을 옮기는 방법에 대해서까지 고민했다고 하니 그의 호기심과 탐구욕은 가히 우주적이라 할 만하다.

레오나르도 다 빈치는 사고할 수 있는 모든 것을 사고했으며, 인간이 가질 수 있는 모든 형태의 에너지를 드러내 보였다. 그의 무수한 드로잉들을 보라. 그림에서 우리가 보는 건 어차피 표면일 뿐인데, 그 표면을 그리기 위해 레오나르도 다 빈치는 시체를 해부하여 내부 구조를 탐구하고, 인간이 특정한 행동을 할 때 나타나는 근육과 뼈의 움직임은 물론 심지어 피의 순환까지 연구했으며, 이를 바탕으로 신체의 각 부위에 대한 해부도를 꼼꼼히 드로잉했다. 그뿐인가. 인물 뒤의 배경을 표현하기 위해 모든 자연의 형상을 자신의 눈으로 관찰하고, 탐구하고, 기록했다. 혹 누군가가 대체 왜 그렇게까지 하느냐고 물었다면, 아마도 이렇게 대답했으리라. "나는 아직 배가 고프다!"

쉬지 않는 예술가는 언제나 배고파한다. 그건 그가 특정한 '배부름'의 상태를 구하기 때문이 아니라, 이 거대한 우주 앞에서 자신의 재능이 언제나 부족하다고 느끼기 때문이다. 이쯤 되면 겸손에도 급수가 있음을 알 수 있다. 그렇게 게걸스럽게 탐구하고, 그토록 위대하게 표현하면서도, 세계를 모두 표현할 수는 없다는 데서 오는 겸손. 천재의 겸허함이란 자신을 추종하거나 비난하는 자들을 위한 것이 아니라, 우주 앞에서의 절대적인 겸허인 것이다. 그래서 다 빈치는 '위대한 인간'만을 형상화하는 것이 아니라 다른 사람들이 거의 주목하지 않던 풍경, 아무도 그리지 않던 이름 모를 풀에서 하늘의 구름까지, 모든 것을 상상하고 스케치한다.

때론 작가들의 완성된 작품보다 미완성 습작들이 더 많은 걸 보여주곤 한다. 세잔의 「생트 빅투아르 산」 습작들처럼, 작가들의 미완성 작품들에는 그들의 발견과 실패, 기쁨과 한숨, 탐색과 좌절이 고스란히 담겨 있기 때문이다. 이런 과정들을 생략한 채 하루아침에 탄생한 걸작은 없다. 오히려 걸작의 '걸작다움'이란 길을 걷는 작가의 머뭇거림과 나아감을, 그의 실패와 성공을 동시에 담고 있다는 데서 찾을 수 있지 않을까? 걸작은 이전의 작품들보다 꼭 '한 걸음' 더 나아갈 뿐이다. 하지만 어제와 다른 오늘의 한 걸음이 10년 뒤에 나를 어디에 데려다 놓을지 전혀 알 수 없는 것처럼, 걸작의 그 '한 걸음'이야말로 미래 전체를 담고 있는 위대한 한 걸음이다.

예술-하는 천재들에게 완성이란 그다지 의미가 없다. 아니, 예술에서는 완성 자체가 불가능한 것인지도 모른다. 완성을 얘기하려면 어떤 절대적인 기준이 있어야 할 터인데, 누가 그 기준을 세운단 말인가. 자연이 위대한 건 그것이 모든 생성을 긍정하는, 무한하게 열린 집합이기 때문이다. 이와 마찬가지로, 걸작에 담겨진 새로움이란 바로 이 '불완전한 완전함'인지도 모른다. 어떤 시대를 만나더라도 접속할 수 있고, 그 누구와 접속하더라도 다른 의미를 생성시킬 수 있는 틈. 그 틈으로 인해 걸작은 마법처럼 다시 살아나 우리에게 아직 경험하지 못한 세계를 선물한다.

세상은 우리에게 모든 걸 보여주지 않는다. 단지 우리가 보고자 하는 만큼만 자신을 드러내 보인다. 예컨대 백인의 시각에 고정되어 있는 사람들에겐 유색인종의 삶이 보일 리 없고, 인간중심적 사고방식을 가지고 있는 사람들에겐 식물이나 동물들이 인간 때문에 겪는 고통이나 그들만의 고유한 삶이 포착될 리가 없다. 하지만 고정된 시각을 버리고 만물(萬物)의 입장에서 세상을 바라보면, 세상이 전혀 다른 모습으로 펼쳐질 수 있다. 천재들이 '퍼펙트'하다면 그건 그들의 재능이 퍼펙트하기 때문이 아니라, 그들이 세상 모든 것의 눈으로 세상 모든 것들을 그 자체로 긍정하기 때문이다.

아름다운 것과 추한 것의 목록을 가득 갖고 있는 사람은 그 목록에 의지해서만 사물을 판단할 수 있다. 하지만 이런 식의 판단이란 사실은 무능력에 대한 고백이다. 그 목록을 벗어나는 것들에 대해선 아무것도 긍정할 수 없기 때문이다. 목록이 아무리 세밀하고 체계적이어도 생성하는 세계는 언제나 목록화할 수 있는 것 이상으로 넘쳐나고 새로운 것들로 들끓는다. 그러므로 진짜 능력은 더 완벽한 목록을 만드는 것이 아니라 목록 자체를 버리는 것이다. 미완성, 열림, 여백, 혼돈의 세계 앞에서 다 빈치처럼 겸허해지기. 그거야말로 천재들이 보여주는 미완의 퍼펙트함이 아니겠는가.

너머를 꿈꾸는 예술가

「안녕하세요, 쿠르베씨」는 제목 그대로 누군가가 "쿠르베씨 안녕하세요?"라며 인사하는 장면을 보여준다. 내용만 듣고 보면 심하게 싱거운 그림 같지만, 이 그림에 대한 삽화를 보건대 분명 심상한 그림은 아닌 듯싶다. 화면 오른쪽의 쿠르베는 아주 거만한 포즈로 인사를 받고 있고, 그에게 두 명의 신사가 예의를 갖춰 인사를 하고 있다. 차림새를 보아하니, 쿠르베는 지금 여행 중인 듯하고 신사들은 꽤 부유한 부르주아 같다. 나이도 더 적은 듯한데 쿠르베는 지나치게 거만해 보이는 반면, 신사들은 아주 교양 있어 보인다. 무례한 쿠르베!

지금이야 예술가라고 하면 어딘지 좀 특이하고, 세상에 얽매이지 않고 자유롭게 살아가는 사람이라는 이미지가 일반적이지만, 그런 이미지가 생겨난 건 그리 오래되지 않았다. 19세기 중반까지만 하더라도 미술 시장이 대중적으로 확대되지 않았기 때문에, 미술가들은 자신을 지원해주는 후원자가 있어야 작업을 할 수 있었다. 교회, 궁정, 귀족, 신흥 상인계급 등으로 미술의 주요한 후원자 계층이 조금씩 바뀌기는 했지만, 어쨌거나 화가로 살아남으려면 자신의 밥줄인 후원자들의 눈치를 보지 않을 수가 없었던 것이다. 그러니 그들을 길에서 만나기라도 하면 냉큼 달려가 굽실거리며 인사를 해도 모자랄 판이다.

그런데 쿠르베의 그림을 보라. 그림 속에서 쿠르베에게 인사하고 있는 두 사람은 다름 아닌 쿠르베의 후원자와 그의 비서이다. 맙소사! 인사를 하기는커녕 고개를 치켜든 채 인사를 받고 있는 쿠르베의 저 당당함이라니! 굳이 삽화가 아니더라도, 이 그림이 발표되었을 때 미술의 주고객이었던 부르주아들이 느꼈을 수치감과 배신감이 어떠했을지는 가히 짐작이 되고도 남는다. 누가 그렸는지, 삽화 한번 적나라하다!

쿠르베는, 후원자들이 비록 자신의 예술에 있어서 중요한 물질적 조건이기는 하지만, 그렇더라도 그들에게 예술가로서의 자존심까지 팔고 싶지는 않았던 모양이다. 그림을 발표할 때마다 워낙 심한 '악플'에 시달렸던 터라, 쿠르베 자신도 알았을 거다. 저런 그림이 부르주아들로부터 어떤 비난을 받게 될 것인지. 하지만 쿠르베는 그런 비난에 아랑곳하지 않고 묵묵히 자신이 목격한 세계를 그린다. 왜 천사를 그리지 않느냐는 비난을 받으면, "내게 천사를 보여주면 천사를 그리지. 하지만 난 천사를 본 적이 없는 걸!"이라고 응수하면서. 그가 명성이나 돈을 원했다면 천사나 여신을 그리는 일이 뭐 그리 어려웠겠는가마는, 길 위에 선 예술가에게 그깟 이름과 돈이 다 무슨 소용이겠는가.

쿠르베는 언제 어디로든 떠날 준비가 되어 있다는 듯이 가벼운 배낭을 메고 지팡이 하나를 들고 길 위에 서 있다. 예술가의 자유란 모든 조건이 갖춰진 상태에서 그리고 싶은 걸 그릴 수 있는 자유가 아니라 어떤 칭찬이나 비난에도 흔들리지 않고 자신의 길을 갈 수 있는 자유임을, 쿠르베의 저 멋들어진 수염이, 저 남루한 옷차림이 말해주는 듯하지 않은가?

조삼모사(朝三暮四). 상황은 변한 게 없는데 말장난에 속아서 희희낙락하는 원숭이들의 일화에서 생긴 말이다. 이 원숭이들에게 자유란 고작 "전 아침에 입맛이 없으니 저녁에 몰아주세요!"나 "전 세 개로 부족하니 조금만 더 주세요!"라고 말할 수 있는 자유다. 하지만 아침에 세 개든 저녁에 세 개든, 조금씩 나눠주든 한꺼번에 주든, 주는 대로 먹고 만족해야 한다는 점에서 어느 쪽도 자유롭지 않기는 매한가지. 정말 자신의 상황을 바꾸고 싶은 원숭이라면 이렇게 외쳐야 하는 게 아닐까. "제 음식은 제가 알아서 찾아 먹겠어요!"

바나나를 받아먹으면서 사는 공간이 전부라고 생각하는 원숭이는 고작해야 아침에 몇 개, 저녁에 몇 개를 먹을 것인가를 놓고 자유를 고민하지만, 그건 자유가 아니라 예속이다. 진정한 자유란 주어진 명령 자체를 의심하는 것, 질문 자체를 다르게 던지는 것, 자신이 놓인 공간 너머를, 자신이 경험하지 못한 바깥 세계를 꿈꾸는 것이기 때문이다. 천재는 가슴속에 '너머'의 세계를 품는다. 그리고 싸운다. 남의 꿈이 아니라 자신의 꿈을 위해서! 누군가 이루어놓은 것이 아니라 자신이 이룰 것들을 위해서!

천 개의 눈, 천 개의 세상

최고의 명탐정 셜록 홈즈는 자신의 탐정 생활에 든든한 친구이자 조력자가 될 와트슨을 처음 만났을 때, 1초도 안 되는 사이에 그에 대한 모든 것을 꿰뚫는다.

> 이 신사는 의사 같지만 그러면서도 군인 같은 분위기를 풍긴다. 그러면 군의관이 분명하다. 얼굴빛이 검은 것으로 보아 열대지방에서 귀국한 지 얼마 안 되는 것 같다. 손목이 흰 걸 보면 살빛이 원래 검지 않다는 것을 알 수 있다. 얼굴이 해쓱한 것은 고생을 많이 하고 병에 시달렸기 때문이겠지. 왼팔에 부상을 입은 적이 있나 보다. 왼팔의 움직임이 뻣뻣하고 부자연스럽다. 열대지방에서 영국 군의관이 그렇게 심하게 고생하고 팔에 부상까지 입을 만한 곳이 어디일까? 분명히 아프가니스탄이다.
> ―아서 코난 도일, 『주홍색 연구』에서

홈즈는 상대방의 손톱, 코트 소매, 구두, 바지 무릎, 엄지와 검지에 박인 못, 표정, 셔츠 소매 등등 사소하기 이를 데 없는 것들까지도 지나치지 않고 유심히 관찰함으로써 그 사람이 무엇을 하고, 심지어 무엇을 생각하는지까지 추리한다. 다시 말해서 그는 눈에 보이는 것들로부터 눈에 보이지 않는 것들을 낚아챈다. 입이 떡 벌어질 정도로 정확한 홈즈의 추리는 상상력이 아니라 눈앞에 실재하는 것들에 대한 꼼꼼하고 정확한 관찰에서 비롯된 것이다. 우리가 상대방의 실루엣조차 파악하지 못하는 시간에 가장 사소한 것까지도 포착해낼 만큼 그의 감각은 동물적이다. 그도 우리와 똑같이 두 개의 눈과 두 개의 귀를 가졌을 뿐이지만, 그는 몸 전체를 눈과 귀로 사용한다. 명탐정 홈즈야말로 명예술가가 아닌가!

프랑스의 영화감독 로베르 브레송에 따르면, 예술은 "눈 속에, 귓속에, 피부 전체 위에 있다". 바람은 눈에 보이지 않지만, 수면 위를 관찰하면 바람이 지나는 길을 알 수 있다. 공기는 만질 수 없지만, 천천히 숨을 고르면서 온몸으로 공기를 관찰하면 공기의 질감과 상태를 알 수 있게 된다. 이처럼 세계를 향해 자신의 신체를 열어놓고 그것들과 교감을 나누는 존재, 그들의 이름이 바로 '예술가'다. "세상에는 그토록 많은 것들이 있는데 왜 인간만을 그려야 하지?"라고 질문했던 레오나르도 다 빈치처럼, 사탕 그릇과 인간과 생트 빅투아르산을 똑같은 눈과 애정으로 그렸던 세잔처럼, 찰나의 빛을 포착하려 했던 모네처럼, 먼지조차도 온몸을 던져 관찰하는 예술가는 "도처에서, 말하자면 하늘과 땅으로부터, 한 조각의 종이나 휙 지나가 버리는 어떤 형체 혹은 한 가닥의 거미줄로부터 오는 감각들을 모으는

채집통과 같다"(피카소).

하지만 관찰은 가만히 앉아서 보고 듣는 게 결코 아니다. 그것은 사물과 현실에다 자신의 눈과 귀를 '발사'하는 능동적 행위다. 그러면 사방에서 충격을 당한 사물과 현실이 아주 다른 방식으로 자신의 모습을 드러낸다. 이처럼 예술가의 눈과 귀는 보이는 것만을 보는 것이 아니라 보이지 않는 것을 보며, 아직 안 보이지만 앞으로 보일 것을 포착한다. 그럼으로써 천 가지 방식으로 아직 존재하지 않는 세계를 만들어간다.

아침에 일하러 가는 농부들은 길을 걸으며 결코 풍경을 보지 않는다. 그들은 길을 따라 여기저기에 무엇이 파종되었는지를, 내일은 날씨가 어떨지를, 땅의 색깔과 하늘의 표정을 본다. 그들은 특유의 감각으로 공기의 냄새를 맡고, 땅의 습도를 가늠하고, 경작물 사이로 자라난 잡풀들을 순식간에 가려낸다. 농부는 더 많은 수확을 위해 온몸으로 대지를 느낀다. 농부는 그렇게 온몸으로 감각하는 예술가다.

농부들과 달리 화가는 길을 걸으며 색을 본다. 노랑이 초록과 부딪혀 어떤 파장을 만드는지를 보고, 너울거리는 옥수수밭을 그리기 위해선 어떤 색을 어떤 터치로 표현해야 하는지를 생각한다. 농부의 눈이 수확의 관점에서 세상을 본다면, 화가는 색채와 형상의 관점에서 세상을 포착한다. 음악가라면 거기서 음들을 보았을 게고, 춤꾼이라면 거기서 너울거리는 동작들을 보았을 게다. 그들 모두는 아주 유사한 태도로 전혀 다른 것을 감각한다. 그렇게 하나의 세계는 천 가지 방식으로 펼쳐진다.

러시아의 다큐멘터리 영화감독 지가 베르토프는 카메라-기계를 통해 자신의 감각기관을 증식시킨다. 「카메라를 든 사나이」라는 다큐멘터리에서, 그의 '카메라-눈'은 인간의 눈으로는 미처 볼 수 없는 것들을 보고, '스피커-입'은 인간의 소리가 닿을 수 없는 곳까지가 닿는다. 예컨대, 우리의 눈으로는 미세한 속도의 차이를 감지할 수 없지만, 카메라와 접속한 눈은 동작의 빠름과 느림, 사물의 깨어남과 잠듦, 공간적으로 떨어져 있는 두 사물의 교감, 운동과 정지 등을 본다. 또 그의 '마이크-귀'는 사물들의 덜그럭거림, 나뭇잎들의 숨소리, 소음 속의 노래, 침묵 속의 웅성거림 등을 듣는다. 카메라를 들고 사물과 사람들 사이로 들어간 그는 그렇게 현재 속에서 미래를 보고, 세상에 존재하는 것들의 고유한 속도를 포착해낸다. 그에게 '예술-하기'란 자신의 무기를 들고 세계와 교감하는 것, 그럼으로써 자신의 능력을 확장시키는 과정이다.

듣지 못하기 때문에 온몸을 귀로 사용할 수 있는 사람들이나 앞을 못 보기 때문에 가장 미세한 소리의 차이까지도 감지할 수 있는 사람들이 말해주듯이, 기관의 유무(有無)나 많고 적음은 그다지 중요한 문제가 아니다. 문제는 세계를 향해 신체를 열고 온몸을 촉수로 만드는 것이며, 그런 자들만이 천 개를 보고 만 개를 들을 수 있게 된다. 자기만 옳고 잘났다는 생각을 버리면 많은 사람들과 친구가 될 수 있는 것처럼, 자신의 한정된 감각과 신체 능력을 버리면 모든 것의 시점에서 새롭게 세상을 감각할 수 있게 된다. 땅을 기어 다니며 자연을 관찰했던 반 고흐처럼, 카메라의 눈으로 세상을 본 베르토프처럼, 정말 멋지고 능력 있는 '몸짱'이란 다른 신체가 세상을 느끼는 방식, 그들의 감수성을 함께 느끼고, 함께 아파하고, 함께 기뻐할 수 있는 신체가 아닐까.

한 가지 진리밖에 보지 못하는 사람은 이 세계가 아닌 다른 세계를 상상하지 못한다. 하지만 천 개의 눈과 귀를 가진 '천재'(千才)들에게는 도처가 출구고, 한 걸음만 떼면 다른 세계다. 세상은 그렇게, 그것에 온몸으로 말을 거는 사람들에게만, 모두 다른 표정과 언어로 화답한다.

미래를 기억하는 거인-아이

"당신은 나이가 많은데 얼굴빛이 마치 어린아이 같은 까닭은 무엇입니까?"

"나는 도(道)를 들었기 때문이오."

『장자』에 나오는 구절이다. 흔히 도인(道人)이나 신선은 어린아이 같은 얼굴빛을 띠고 있다고들 한다. 신선을 본 적 없으니 사실 여부를 확인할 길은 없지만, 신선 그림 중에 '선동'(仙童, 신선-아이)이 많은 걸 보면 분명 신선에게는 아이스러운 뭔가가 있었던 것 같긴 하다.

렘브란트는 자화상을 많이 그린 화가로 유명하다. 그 중에서도 말년에 그린 한 편의 자화상에는 정말 "얼굴빛이 어린애 같은" 렘브란트가 서 있다. 그림 속 노인의 피부는 축축 늘어져서 금방이라도 흘러내릴 것만 같지만, 그 늙고 추한 피부 위로 떠오르는 그의 표정, 아이의 미소를 닮은 그의 천진한 미소를 보라!『장자』의 도인이 이 그림을 보았다면, 틀림없이 "저거야말로 도(道)를 들은 사람의 얼굴이로다!"라고 감탄했을 법하지 않은가?

피카소는 말한다. 작업을 시작하기 전에 먼저 아이가 되어야 했노라고. 또 세잔은 이제 막 그림을 시작한 사람처럼 되어야 한다고, 서투름을 통해서 완벽함에 도달하고 싶다고 말한다. 예술을 하기 위해 이들은 왜 먼저 아이가 되어야 했던 것일까? 대체 이 노대가(老大家)들이 말하는 '어린애 같음'이란 뭘까? 그들이 되고 싶었던 '아이'란 어떤 존재일까? 아이에겐 어른에게선 찾을 수 없는 뭔가가 있다. 아니, 아이에겐 모든 어른에게 다 있는 뭔가가 없다. 그게 뭘까? 아이에게 (아직) 없는 것은 습속이요, (아직) 있는 것은 순진무구함이다.

예를 들어보자. 우리 앞에 사과가 놓여 있다. 사과를 그려보라고 하면, 우린 순식간에 많은 기억들을 떠올리게 된다. 어떤 유명한 화가의 사과를 떠올리는 사람이 있는가 하면, 어제 화실에서 그렸던 사과를 떠올리는 사람도 있을 거고, 성경책에 나온 선악과의 이미지를 떠올리는 사람도 있을 거다. 저마다의 이미지를 떠올린 다음에는, 사과 그리는 방법을 기억하려 애쓸 것이다. 구도는 어떻게 잡아야 하고, 빛은 어떻게 처리하고, 색은 어떻게 칠해야 할까 등등. 그러다 보면 정작 우리 앞에 놓인 사과에는 그다지 주목하지 않는다. 아니, 한다 해도 우리 머릿속에 저장된 많은 사과의 기억들이 지금 내 앞에 놓인 사과와 나의 만남을 방해한다. 아이의 무구함으로 사과를 보는 대신 지식과 습속이라는 안경을 쓰고 사과를 본다. 이쯤에서 '먼저 아이가 되어야 한다'는 말의 의미가 좀 잡히시는지?

세잔은 사과 하나를 그리기 위해 먼저 자신의 머릿속에 저장된 기억과 엄청난 전투를 벌여야 했노라고 고백한다. 사과가 갖고 있는 상징성을 지워야 했고, 선배 화가들의 구도와 표현 방식을 잊어야 했으며, 자신이 알고 있는 사과의 형태와 색채까지 모두 버려야 했노라고. 그렇게 모든 기억을 지워버린 후에야 세잔은 비로소 사과를, 그 누구의 사과가 아닌 자신만의 사과를 그릴 수 있었다고 한다. '세잔의 사과'를 그리기 위해 모든 것을 망각한 어린아이가 되기!

세잔의 정물을 보라. 세잔의 정물화 속 사물들은 하나가 아닌 여러 시점에서 그려지고 있으며, 색채는 단순히 사물의 표면을 채우는 것이 아니라 그 자체로 사물을 이루고 공간을 구성한다. 세잔의 정물이 구도와 색채, 그리고 형태 모두에서 이전의 정물화와 다를 수 있었던 건, 그처럼 자신의 형상을 진부하게 만드는 과거의 기억과 싸우고, 망각의 힘을 적극적으로 사유했기 때문이다.

우리는 흔히 기억하는 것만을 능력이라고 생각하지만 망각 역시 기억 못지않게 중요한 능력이다. 아니, 망각이야말로 어떤 점에서는 기억보다 더 중요한 능력인지도 모른다. 기억과 습속은 종종 새로운 감각이나 사유를 향해 신체를 여는 데 방해가 되기 때문이다. 아이들이 놀이에 몰두할 수 있는 건 과거에 했던 놀이의 결과에 연연해하지 않고, 같은 놀이를 반복할 때조차 거기서 매번 새로운 즐거움을 발견하기 때문이다. 또 기억에 얽매이지 않는 아이들은 사물을 볼 때 그것의 '그러해야 함'을 보는 게 아니라 '그것임'을 본다. 종종 아이들의 눈에 포착되는 세계가 놀라우리만치 진실한 것도 그 때문이리라.

대교약졸(大巧若拙). 글자 그대로 풀이하자면 '커다란 기교는 졸함(미숙함)과 같다'는 뜻이다. 즉, 어떤 분야든 경지에 이른 대가들은 일단 그 경지에 이르고 나면 그 다음부터는 모든 법칙들로부터, 심지어 자신이 서 있는 경지로부터도 자유로워져서 어린아이 같은 면모를 보여준다는 것. 많은 작가들의 말년 작품이 보다 단순하고 명확해지는 것은 아마도 그런 이유에서일 것이다.

따라서 '아이스러워진다'는 말은 아이처럼 유치해진다는 게 아니라, 자신과 자신의 앎으로부터 자유로워지는 것을 의미한다. 아무것도 들리지 않게 되자 가장 장엄한 소리를 담을 수 있었던 베토벤처럼, 아이가 되기 위해선 먼저 자신을 가두는 기억을 잊을 수 있어야 한다. 거대하고 단단한 기억을 뛰어넘어 새로운 미래의 기억을 만드는 거인-아이 되기! 그럴 수만 있다면, 나이를 먹는다는 건 정말 멋진 일 아닌가. 나이를 먹으면서 더 잘 웃고, 더 용감한 아이가 될 수 있다면 말이다. 영원한 젊음이란 늙지 않는 것이 아니라 늙으면서 점점 더 자유로워지는, 거대한 노인-아이의 특권이다.

백척간두진일보

모네의 「카퓌신 거리」는 우리에게 익숙한 인상주의 풍경화다. 인상주의자들은 시시각각으로 변화하는 '빛'을 화면에 옮기고 싶어했다.

그들이 보기에 사물의 윤곽과 그림자와 3차원적인 공간을 재현한 고전주의 회화는 인간의 눈으로 본 세계가 아니라 우리가 인식하고 있는 세계를 보여준다. 하지만 실제 인간의 눈은 너무도 불완전해서 빛에 의해 순간적으로 나타났다 사라지는 이미지들만을 포착할 수 있을 뿐이다. 그래서 그들은 빛이 사라지기 전에 최대한 빠른 속도로 자신이 본 세계를 화폭에 옮긴다. 그 결과 화면에 표현된 것은 시시각각으로 변화하는 빛, 가까이 가면 갈수록 실체가 사라지고 마는, 깊이가 사라진 세계의 순간적 인상이었다.

흔히 '점묘법'으로 잘 알려진 쇠라 역시 당시의 많은 화가들처럼 인상주의의 이 감각적인 세계에 매료된다. 하지만 그는 계속 결정적인 뭔가가 부족하다고 생각했다. 인상주의가 어딘지 좀 느슨하고, 뭔지 모르게 안이하고, 지나치게 순간적인 감각에만 의존한다는 느낌을 떨칠 수 없었던 쇠라는 인상주의에 안주하지 않고 부족한 2%를 찾기 위해 골몰한다. 그러던 그에게 당시 연구된 색채이론들은 인상주의를 넘어설 수 있는 결정적인 기회를 제공한다.

쇠라는 열심히 색채의 관계를 연구하고, 빛이 우리의 망막에 색을 만들어내는 메커니즘을 탐구한다. 그 모색의 결과, 그의 캔버스는 인상주의 회화보다 더 작은 빛의 점들로 이루어지게 되었고, 그런 점들의 세계는 인상주의와는 전혀 다른 화면을 만들어냈다. 가까이 가면 실체가 사라져버린다는 점에서는 동일하지만, 멀리 떨어져서 보면 서로 단단하게 얽힌 점의 흐름들이 다채로운 색채와 형상의 파노라마를 펼쳐낸다. 때문에 쇠라는 단순히 '점묘'를 사용한 '신인상주의자'가 아니라, 인상주의 안에서 인상주의를 넘어선, 인상주의자도 아니고 인상주의자가 아닌 것도 아닌 '쇠라 자신'이 될 수 있었다.

작가들 앞에는 흰 캔버스가, 다듬어지지 않은 돌이, 흰 종이가 놓여 있지만 사실 그건 '텅 빈' 재료들이 아니다. 어떤 형상을 만들어 내려는 화가나 조각가의 머릿속엔 무수히 많은 이미지들이 우글거리고 있고, 뭔가를 쓰려는 소설가의 머릿속엔 자신이 알고 있는 문장들과 모국어의 문법들로 가득 차 있다. 그런 의미에서, 무에서 시작되는 창조는 없다. 모든 창조는 앞서 살아간 사람들이 쌓아놓은 주춧돌 위에서 시작되고, 다른 것들과의 마주침을 통해서만 현실화될 수 있는 법이다.

쇠라를 인상주의자라고 할 수 있는 건, 그가 인상주의의 주춧돌 위에서 시작했기 때문이다. 하지만 그가 인상주의자가 아니라고 할 수 있는 건, 그가 인상주의라는 경계 밖으로 '한 걸음' 나아갔기 때문이다. 쇠라는 인상주의의 '도착점'이나 신인상주의의 '출발점'에 선 화가가 아니라, '한 걸음'을 내딛으면서 그 사이를 건너고 있는 화가였다.

쇠라뿐이겠는가. 위대한 예술가와 예술은 언제나 누군가가 만들어놓은 길 위에서 탄생하고, 그런 다음 스스로 다른 모든 것들을 지나가게 하는 길이 된다. 중요한 것은 이루어낸 것이 아니라 이루기까지의 여정이고, 자신이 있는 자리가 아니라 그 자리에서 다시 내딛는 한 걸음이라는 사실! 예술과 예술가는 흐름 위에 내맡겨진, 흐름 위에서 흐름으로써만 존재할 수 있는 동사인 것이다. "아티스트는 어떤 고지에 다다랐다는 착각에 빠지지 않도록 주의해야 합니다. 끊임없이 무언가가 되고 있는 상태라는 것을 알아야 해요. 그런 마음으로 살면 편안할 수 있습니다."(밥 딜런)

'백척간두'란, 말 그대로 백 척이나 되는 장대의 끝, 그러니까 어떤 일에 대한 해결책이 제로인 위태로운 상황을 의미하는 한자성어다. 그리고 '백척간두진일보'(百尺竿頭進一步)란 바로 그러한 상황에서 한 걸음을 내딛는다는 의미다. 아니, 움직이는 순간 나락으로 떨어지고 말 위기 상황에서 한 걸음을 내딛는다고? 그건 곧 죽음 아닌가? 하지만 내딛는 그 순간 추락할 거라고 생각하는 건 우리의 고정관념일 뿐이다. 누가 알겠는가, 어쩌면 하늘을 훨훨 날게 되는지도!

선승(禪僧)들은 간혹 깨달음이 뭐냐고 묻는 제자들에게 대답 대신 몽둥이 세례를 퍼붓는다. 그런데 이보다 더 이상한 건, '깨달음이란 이러저러한 것이다'라고 말하는 제자들에게도 칭찬 대신 몽둥이를 날린다는 사실이다. 몰라도 맞고 알아도 맞는다니, 역시 가만히 있는 게 최선일까? 제자들은 대체 뭘 잘못한 걸까?

'깨달음이 무엇입니까'라고 질문한 제자든 '깨달음이란 이런 것이다'라고 대답한 제자든, 두 제자는 모두 '깨달음'을 어떤 실체로 생각하고 있다. 즉 깨달음을 '이러저러한 것'으로 규정할 수 있다고 믿는 것이다. 하지만 그렇게 규정되는 순간 경계가 생기고, 경계를 갖는 순간 경계를 벗어나는 것들을 배제할 수밖에 없게 된다. 예컨대, 인간을 '이성적으로 사고하는 동물'이라고 규정하면, 이성적으로 사고할 수 없는 인간이나 인간보다 더 이성적으로 사고할 수 있는 사이보그는 인간이라고 할 수 있을까, 없을까?

무언가를 실체로서 사고한다는 것은, 이처럼 사고의 경계를 만드는 명사(名辭)적이고 점(點)적인 사유다. 그게 바로 선승이 깨달음에 대한 답을 구하는 제자들에게 대답 대신 몽둥이로 화답했던 이유다. 깨달음이 뭔지 알고 싶으면 그저 열심히 수행하고 정진할 뿐, 깨달음을 얻는 비밀 같은 게 따로 있을 리 없다는 것. 그래서 이 불친절하신 스승은 백척간두 위에 선 제자들에게 위로를 건네는 대신, 백척간두를 흔들고 제자의 등을 떠민다. 그 비좁은 경계 안에서 사유하지 말고, 차라리 경계 밖으로 나가 허공으로 몸을 던지라고!

어떤 말씀, 어떤 지식, 어떤 인물도 절대적인 권위를 갖게 되면 작은 경계를 갖는 백척간두에 불과하다. 하지만 거기서 한 걸음 내딛는 순간, 우리에게는 전혀 다른 세계가 펼쳐지고, 그곳에서는 내가 만나는 모든 것이 전부 스승이 될 수 있다. 그런 점에서 '진일보'란, 평야가 아니라 백척간두에 선 사람에게만 주어지는 짜릿한 반전의 계기다.

다른 세계를 만나기 위해선 이처럼 단 한 걸음을 내딛는 것만으로 충분할 때가 있다. 예술가-되기! 인생 역전은 로또가 아니라 우리가 내딛는 그 한 걸음에서 시작된다.

세상의 모든 선들

클레는 각각의 선에다 삶을 부여한다. 수직선, 수평선, 사선, 곡선이라는 규정 대신 산책하는 선, 머뭇거리는 선, 생각하는 선, 능동적인 선, 수동적인 선, 화난 선 등등. 그가 보기에는 세상에 같은 선이란 없다. 어떤 직선은 곡선을 만나 사랑에 빠진 선이 되고, 어떤 곡선은 다른 곡선을 만나 혼돈에 빠진 선이 된다. 똑같은 직선처럼 보여도 주변에 있는 선들에 따라 그 선은 다른 삶을 살게 된다. 그렇다면 클레 식으로 물어보자. 여러분은 지금 어떤 선을 그리고 있는가? 어떤 선을 만나 어떤 선이 되고 있는가?

앞에서 말한 명사적인 사유, 점적인 사유를 다시 기억해보시길. 우리는 사고할 때 무수히 많은 '점'들을 설정하지만, 사실 '점'이란 실재하지 않는 추상이다. 예컨대 '사귄 지 100일'은 정의상으로야 '사귀자고 말한 점'에서 100일째 되는 날이지만, 과연 '사귀자고 말한 점'이 사랑이 시작된 그 '점'일까? 사귀자고 말하기 전의 설렘들과 상대방의 마음에 대한 온갖 추측들, 상대방의 기호를 해석하는 시간들, 그리고 잠 못 이루는 밤들······. 이 중에서 대체 어떤 '점'이 사랑이 시작된 '점'이라고 할 수 있을까? 특정한 '점'에서 출발한다는 건 우리의 착각일 뿐, 그런 게 실제로 존재하는 건 아니다(그러니까, '사귄 지 며칠'인지는 아무도 모르는 거다!).

클레의 선들은 점과 점 사이에 그려지는 닫힌 선이 아니라 끊임없이 움직이고 만나고 방향을 바꾸는 열린 선들이다. 선은 움직인다. 아니, 움직이는 모든 것은 선을 그린다. 하지만 선을 그리는 움직임이 절대적인 방향을 갖는 것은 아니다. 그것은 화면 속에 있는 또 다른 선과의 만남을 통해, 혹은 색이나 면 같은 다른 요소들과 어떻게 접속하는가에 따라 상대적으로 결정된다.

우리들도 살아가면서 선을 그린다. 예컨대, 걸음은 우리가 땅 위에 그리는 선이다. 사람마다 독특한 걸음걸이가 있어서, 주위를 두리번거리며 S자로 길을 걷는 사람이 있는가 하면, 앞만 보고 일자로 걷는 사람도 있다. 길을 걷다가 누군가를 만나서 갑자기 선의 방향이 바뀔 수도 있고, 급한 전화를 받고 뛰기 시작한다면 선의 굵기가 달라질 것이다. 걸을 때뿐인가. 공부하고 얘기할 때도 독특한 선들이 생겨난다. 예컨대 어떤 사람은 빠른 속도로 공부에 몰입해서 아주 짧은 시간에 정해진 분량을 끝내는가 하면, 어떤 사람은 공부를 시작할 때까지 산만하게 여기저기를 기웃거리다가 결국 오늘 끝내야 할 공부를 내일로 미루기도 한다. 이 두 사람이 공부하는 모습을 선으로 표현한다면 어떨까? 사랑하고 꿈꾸고 얘기하는 우리의 모든 행위를 그처럼 선으로 그려본다면, 우리 자신의 삶은 어떤 선들로 채워질까?

그림을 채우는 무수한 선들처럼 우리의 삶도 우리가 그리는 선들로 채워진다. 우리가 그리는 선들은 우리 자신의 욕망이기도 하고 의지이기도 하다. 클레의 선처럼 끊임없이 움직이고 흘러다니는 욕망이 있다. 예기치 못한 만남들로 인해 방향을 틀고 속도를 바꾸는 의지가 있다. 흘러가는 욕망과 의지는 끊임없이 다른 흐름들과 부딪히기 때문에 흘러가다가 끊어지고 갑자기 방향을 바꾸는가 하면, 거대한 바다를 이루기도 하고 실개천처럼 가늘어지기도 한다. 이처럼 움직이는 선들은 필연적으로 다른 선들을 만난다. 언제, 어떤 모습으로, 어떤 선을 만나게 될지는 알 수 없지만, 틀림없이 만난다는 것. 그게 모든 선들의 운명이다!

우리는 대개 정해진 무엇을 욕망한다고 생각한다. 갖고 싶은 물건이나 도달하고 싶은 어떤 상태처럼, 지금 그것이 결여되어 있기 때문에 욕망이 생긴다고 생각하는 것이다. 하지만 만약 그렇다면, 욕망하면 할수록 우리는 불행해질 수밖에 없다. 왜일까? 예컨대, 차를 갖고 싶은 사람은 차만 있으면 행복할 거라고 생각하지만, 막상 차가 생기면 더 좋은 차를 갖고 싶어한다. 대학에 떨어진 사람은 대학만 들어가면 행복할 거라고 생각하지만, 실제로 대학에 들어왔기 때문에 행복해하는 사람은 없다. 그 상태에 도달하자마자 도달해야 할 또 다른 상태가 평생 기다리고 있기 때문이다. 무언가를 소유하려는 욕망, 선으로 흘러가는 것이 아니라 한 자리에 점으로 고정된 욕망은 이처럼 채우면 채울수록 허기를 느끼게 한다.

허기를 느끼지 않는 방법은 소유를 통해 욕망을 채우는 것이 아니라 욕망을 바꾸는 것이다. 단식을 하는 사람들이 먹지 않아도 배고픔을 느끼지 않는 건, 그들의 신체가 다른 방식으로 만족을 구할 줄 알게 되었기 때문이다. 우리 역시 다른 방식으로 욕망할 수 있다면 아무것도 갖지 않아도, 어떤 상태에 도달하지 않아도 행복할 수 있지 않을까?

무한한 선의 수만큼이나 무한히 많은 욕망들이 있으며, 선이 점으로 분해될 수 없듯이 욕망은 대상에 머무르지 않는다. 그것은 한 순간도 머무르지 않고 언제나 새로운 것을 구성하기 위해 움직인다.

아무것도 하지 않을 때조차 삶을 욕망하는 우리의 신체는 공기를 호흡하느라 분주히 움직이지 않는가. 클레라면 그런 선에 능동적인 선, 자유로운 선, 강한 선, 무규정적인 선 같은 이름을 붙이지 않았을까?

선을 그리자. 더 부지런히, 더 많은 선을 그리자. 목적지만을 향해 달려가는 무서운 직선 말고, 쉼 없이 걷고 걸어 매번 어딘가에 이르는 선, 다른 선들을 만나면서 굵어지고 가늘어지고 넘어지고 일어서기를 반복하는 선, 가장 빠른 것에서 가장 느린 것까지 다른 속도로 진동하는 선. 그런 선을 그리자. 예술적 능력이란 더 많이 움직일 수 있는 능력, 더 많은 선들과 접속할 수 있는 능력이 아니고 무엇이겠는가. 개인의 능력은 유한하지만 접속을 통해 우리는 유한한 능력을 무한하게 확장시킬 수 있다. 바람 계곡의 나우시카처럼 산을 만나면 산과 접속하고, 바람을 만나면 바람과 접속하고, 그렇게 세상의 모든 존재들과 접속하는 과정에서 예술가가 '되는' 것이지, 그 누구도 예술가로 '태어나는' 것이 아니다.

그러니 움직여라, 그리고 접속하라! 분자들처럼 한순간도 멈추지 말고! 그 움직임이 어떤 새로운 능력을 선물할지, 어떤 세상을 만들어낼지는 아직 아무도 모른다.

위험한 백일몽

어떤 철학자가 세상에서 가장 무의미한 질문 중 하나가 "넌 커서 뭐가 될래?"라고 말한 걸 보고 혼자 킬킬거린 적이 있다. 그러고 보니 그 질문에는 출구가 없다. '클 너'와 '되고 싶은 그것'의 이미지 외에 커가는 과정이라든지 변화될 꿈은 모두 생략되었기 때문이다. 질문에는 '되다'가 포함되어 있지만, 정작 질문의 내용은 철저하게 '되다'라는 말에 반(反)하고 있지 않은가? 아하, 이렇게 작은 질문 하나에도 우리가 사유하는 방식이 그대로 드러나는 법이다. 잊지 말자, 중요한 건 답이 아니라 질문을 던지는 방식이란 사실!

우리는 흔히 미래를 저 먼 어딘가에 완결된 상태로 존재하는 실체로 상상한다. 때문에 미래를 향해서라면 과거도 필요 없고, 힘들고 불행한 현재도 어떻게든 견뎌야 한다고 생각한다. '지금 벌어야 나중에 잘 살지!'라는 베짱이 전설, 또는 '혹시 발생할지도 모르는 불행'을 위해 미리미리 대비하는 보험 인생. 공부를 통해 지금 행복해지는 법을 배우는 대신, 나중에 고생 안 하려고 죽지 못해 공부한다는 논리도 마찬가지다. 이처럼 미래는 종종 현재에서는 결코 체험할 수 없는 신기루, 아니면 현재를 협박하는 공포로 표상된다. 하지만 현재를 견뎌내고 도착한 그곳에 과연 뽀사시한 미래가 기다리고 있을까?

나중에 부자가 되면, 나중에 어른이 되면, 나중에 유명해지면, 나중에 훌륭한 사람이 되면…… 나중에 그 모든 것이 되면! 이런 식으로 끊임없이 '나중'으로 미루지만, 지금 시작할 수 없다면 나중이 돼도 할 수 없는 경우가 더 많다. 훌륭한 사람이 되어야 무언가를 할 수 있는 게 아니라, 지금 무언가를 함으로써 훌륭한 사람이 되-어-가-는 것이다. 예술가가 되어야 예술을 할 수 있는 것이 아니라, 앞에서 말한 천재의 삶을 살기 시작하는 순간 이미 예술가가 되고 있는 것이다. 그런 의미에서 미래는 지금 내가 무언가를 하는 이 순간, 이미 와 있는 현재이다.

'어디에도 없는 곳'(No-where)이라는 뜻의 유토피아(Utopia)가 지금-여기(Now-here)로도 읽힐 수 있다는 사실은 우연이겠지만 흥미롭지 않은가? 우리는 현재 속에서 이미 미래를 살고 있으며, 유토피아란 도달해야 하는 곳이 아니라 지금 여기서 만들어야 하는 곳이다. 지금 내가 하고 있는 것, 내가 만나는 사람들, 내가 말하고 행동하는 것, 그게 지금의 나고 또 미래의 나다. 그러니 커서 무엇이 될지 생각하지 말고 지금 당장(!) 무언가를 할 일이다.

백일몽(白日夢). 한낮에 꾸는 꿈, 대개는 헛된 망상을 의미하는 말. 그런데 T. E. 로렌스는 백일몽을 전혀 다르게 해석한다.

> 누구나 꿈을 꾼다. 그러나 그 꿈이 모두 같은 것은 아니다. 밤에 꿈을 꾸는 사람은 밝은 아침이 되면 잠에서 깨어나 그 꿈이 헛된 것이라는 사실을 이내 깨닫는다. 반면에 낮에 꿈을 꾸는 사람은 몹시 위험하다. 그런 사람은 눈을 활짝 뜬 채 자신의 꿈을 실현시키려고 행동한다. 그렇다. 나는 낮에 꿈을 꾸었다.
> ─T. E. 로렌스, 『지혜의 일곱 기둥』에서

잠들지 않고 꾸는 백일몽이야말로 가장 위험하고 불온한 꿈이다. 그런 꿈은 미래에 대한 상상이 아니라 꾸는 순간 이미 살아 움직이는 현실이기 때문이다. 꿈은 그렇게 꾸는 거다. 대낮에, 눈을 크게 뜨고, 다른 사람들과 함께! 대낮에 꿈꾸기, 현재에 미래를 살기, 그리고 바로 그런 것으로서의 예술.

 앞서도 말했지만 어떤 예술이나 천재도 기적은 아니다. 기적이 있다면, 초인적인 끈기를 가진 둔재들, 우주적인 겸허를 지닌 탐구자들, 지칠 줄 모르는 실험가들, 병을 건강으로 전환시키는 힘센 자들, 매번 새롭게 시작할 수 있는 거인-아이들, 쉼 없이 선을 그리는 자들, 그리고 대낮에 꿈꾸는 불온한 자들이 보여주는 삶 그 자체가 아닐까. 어쩌면 우리 스스로가 이미 그런 기적을 행하는 능력을 지니고 있는 게 아닐까. 지금, 그 자리에서, 여러분의 능력을 보여주세요!

미래의 천재들을 위하여

우리는 천재에 관한 오해를 푸는 것에서 여정을 시작했다. 타고난 재능으로 단숨에 걸작을 만들어내는 천재는 없지만 우리에게 새로운 삶의 비전을 선물하는 천재들은 도처에 있다. 천재는 세상 모든 것들과 친구가 되기 위해, 자신이 세상이 되기 위해 기꺼이 자신을 비운다. 어디에든 집을 지을 수 있기 위해 집을 갖지 않는 유목민들처럼 천재는 더 많은 것을 소유하고 더 안락한 삶을 살기 위해 노력하는 대신 모든 것이 되기 위해 아무것도 소유하지 않는다.

 그런 존재들이 세상에 어디 있느냐고? 붓다나 예수, 공자처럼, 혹은 멕시코 원주민 해방운동가들처럼 자신에게는 아무것도, 세상에는 모든 것을 선물하는 존재들이 있지 않은가? 그들은 성인이라 그렇다고? 붓다나 예수, 공자가 처음부터 성인으로 태어났다는 얘기는 어디에도 없다. 붓다는 깨달음을 얻기 위해 왕족의 얼굴을 지운 채 길을 떠났고, 사파티스타의 마르코스 사령관은 멕시코인도 원주민도 아닌 백인 지식인이지만, 삶의 터전을 잃은 멕시코 원주민들과 함께 행복하기 위해 기꺼이 자신의 얼굴을 가렸다. 이들은 모두 더 많은 사람들을 만나기 위해 자신을 비우고, 더 많은 사람들과 행복을 나누기 위해 평생을 길 위에 있었다. 그리고 그런 이들의 삶-예술만이 오래오래 우리에게 기쁜 선물로 남아, 또 다른 예술을 꿈꾸게 한다.

그래도 아직 천재란 분명 저 다른 세상 어딘가 있는 존재라고 의심하는 건 아닌지? 아니면 "천재가 되는 일은 너무 피곤한 일이야"라면서 벌써 도망칠 준비를 하고 있지는 않은지? 그런 독자들을 위해 준비한 비장의 카드가 하나 남았다. 천재가 되는 또 다른 방법, 그건 바로 천재의 친구가 되는 것이다! 혹은 천재를 길러낼 수 있는 흙이 되어도 좋다.

> 흙은 천재에 비하여 당연히 보잘것없습니다. 그렇지만 어려움을 잘 참아내지 않으면 흙이 되기도 쉽지 않은 것 같습니다. 하지만 일이란 사람이 하기에 달렸으니 공연히 천부적인 천재를 기다리는 것보다야 확실함이 있습니다. 이 점이 흙의 위대한 점이며 도리어 큰 희망을 가질 수 있는 점입니다. 또한 보답이 있습니다. 예를 들어, 아름다운 꽃은 흙으로부터 나오는데, 보는 사람이 즐겁게 감상

하는 것은 물론이요, 흙 자신도 즐겁게 감상할 수 있습니다. 꼭 자신이 꽃이 되어야 마음이 흐뭇해지는 것은 아닙니다.
──루쉰,「천재가 없다고 하기 전에」,『무덤』에서

왜 아무도 날 알아주지 않느냐며 으르렁거리는 고독한 호랑이가 되기보다는, 하찮은 재능이라도 함께 나눌 수 있는 땅속의 벌레가 되는 건 어떨까? 누군가의 능력이 나의 능력이 되는 세상, 나의 능력을 누군가에게 선물할 수 있는 세상을 꿈꾸자. 천재가 되고, 천재의 친구가 되고, 천재가 밟고 가는 땅이 되자!

우리와 함께 걸어가는 미래의 천재는 진리를 찾기보다는 실험을 즐기고, 현실을 원망할 시간에 차라리 낡은 쓰레기를 줍는 자들이다. 낡은 가치를 청소하는 것도 새로운 가치를 창조하는 것만큼이나 즐거운 일임을 아는 자들이다. 또한 실험과 청소의 과정에서 울려 퍼지는 웃음소리를, 길 위에서 쏟아지는 질문들을, 그리고 자신의 선들이 만들어내는 천 가지의 형상을 기꺼이 즐길 수 있는 자들이다. 그런 천재들은 호기심 어린 눈으로 주위를 탐색하면서, 지금 여기, 우리들 사이에 살고 있다.

예술, 그 풍요로운 무용지용(無用之用)의 시공간

놀토가 사라졌다. 주5일 근무하는 직장인들과 마찬가지로 초중고 학생들도 이제 모든 토요일은 휴무다. 야호! 환호성이 들리시는가? 아니, 잘 귀기울여보면 저건 환호성이 아니라 깊은 탄식이다. 이제 아이들과 함께 주말을 더 알차게 보낼 수 있게 되었다며 주5일 수업제를 반기는 이들도 있을 테지만, 실제로 많은 부모들은 더 큰 번뇌에 빠진 듯하다. 일요일과 방학도 벅찬데 토요일마저 아이들을 돌보아야 하다니! 해달라는 건 얼마나 많을 것이며, 가자는 덴 또 얼마나 많을 건가. 더군다나 아직도 토요일 휴무가 없는 직장이 많다는 걸 감안한다면, 주5일 수업제도는 대다수 부모에게 만만치 않은 부담이다.

그렇다고 아이들 편에서는 반기는가 하면, 꼭 그렇지도 않다는 게 문제다. 많은 아이들에게 '주5일 수업'은 다녀야 할 학원이 한두 개 더 늘었다는 걸 의미하거나, 혼자 지내는 시간이 더 많아졌음을 의미한다. 여하튼 부모도 아이들도 이래저래 주5일 수업을 반길 수만은 없는 게 현실이다. 하지만 어쨌든 닥친 현실이라면, 그 현실을 잘 이용하는 법을 고민하는 게 최선일 터.

재주는 곰이 넘고 돈은 왕서방이 번다고, 주5일제 수업으로 엉

뚱하게도 외식과 레저 산업, 사교육 시장이 이익을 챙기게 생겼다. 원래 휴일이란 게 그렇다. 노동 시간이 줄고 쉬는 시간이 많아지면 삶의 질이 향상될 것 같지만, 실상은 그 반대다. 왜냐. 바로 그 쉬는 시간에 집중 소비를 권장하는 자본의 메커니즘 때문이다. 홈쇼핑 핫 아이템이나 여행상품, 레저 패키지 상품이 괜히 주말에 몰려 있는 게 아니다. 열심히 일한 당신 떠나라? 그 말의 진짜 뜻은 이거다. 열심히 번 당신, 놀면서 펑펑 쓰세요! 결국 우리는 소비하기 위해 일하고, 일하기 위해 소비하는 악순환을 반복하고 있는 셈이다.

이 악순환의 궤도에서 이탈하는 법은 하나, 소비 대신 생산을 하는 거다. 아니, 5일 내내 죽어라 일했는데 또 생산을 하라고? 하지만 실은 우리가 주말에 해왔던 소비야말로 생산활동의 연장이라 하겠고, 내가 말하는 생산은 전혀 다른 차원의 생산이다. 일찍이 장자(莊子)가 말했던 '무용지용'(無用之用), 즉 무용함의 생산! 사회적 생산 활동에 포함되지 않는 일종의 반(反) 생산으로서의 생산, 그게 무용지용이다. 구체적으로 말하면, 자신의 몸과 감각, 마음을 새롭게 치유하고 훈련하는 능력을 생산하는 활동이라고 해석해볼 수 있다. 오해 마시길. 이건 요즘 유행하는 '자기계발'과는 무관하다. 작금의 자기계발론은 어디까지나 더 경쟁력 있는 인간, 사회적 생산에 더 효율적으로 이바지할 수 있는 인간이 되어야 함을 전제로 한다. 하지만 무용함을 생산한다는 건 사회도덕, 습관화된 감각, 코드화된 감정들로부터 탈주하는 유쾌한 고행(苦行)을 뜻한다. 그 가장 적절한 예가 바로 예술이다.

예술에 대한 흔한 오해 중 하나는 그것이 '아름다움'의 영역이라고 혹은 감상의 대상이라고 생각하는 거다. 물론, 그런 면도 있다. 하지만 '위대하다'고 평가되는 많은 예술들은 아름답지도 않을뿐더러 적정한 거리에서의 감상을 허용하지도 않는다. 오히려 그것들은 우리의 일상적 감각들을 되묻고, 기존의 시비(是非)와 호불호(好不好)의 경계를 무화시키는 방식으로 우리를 몹시 불편하게 만든다. 불편하게 하는 예술? 생각만 해도 지끈거리지만, 일상에서 부딪히는 사건들을 해석하는 힘은 그걸 다른 방식으로 볼 수 있는 훈련에서 나온다. '쿵푸'(工夫)란 그런 수행의 과정 전반을 일컫는 말이라고 할 수 있다. 그런 의미에서, 예술만큼 효과적인 쿵푸도 없다.

우리의 상식과 달리, 예술은 취향이나 감각보다는 일상을 낯설게 만드는 질문으로부터 출발한다. 무언가를 보고 느끼는 일은 생각만큼 쉽지도, 자연스럽지도 않다. 우리는 있으니까 보는 게 아니라 '볼 수 있는 만큼만' 본다. 부딪힌다고 다 느껴지는 게 아니라 '느낄 수 있는 만큼만' 느낀다. 즉, 보고 느끼는 행위는 경험, 환경, 계급, 성(性), 시대 등의 조건 속에서만 가능하다. 내가 세계를 보고 느끼는 방식은 사실 '나만의' 것이 아니라 나를 구성하는 모든 타자들의 것이다. 때문에 자신이 보고 느끼는 것을 확신하는 건 위험하다. 지층처럼 이미 단단하게 굳어버린 사회적 관습과 기억의 결과일 가능성이 크기 때문이다.

"사과를 그리려거든 네 자신이 먼저 사과가 되어라"라는 세잔의 말을 기억하라. 그는 말한다. 사과 하나를 '있는 그대로' 보기 위해 자신은 먼저 하얀 캔버스를 가득 채우고 있는 온갖 견해들과 이미지들을 먼저 물리쳐야 했노라고. 우리는 '이미' 사과가 뭔지, 그 맛이 어떤지 알고 있다고 생각하기 때문에 내 앞에 놓인 '지금 바로 그 사과'를 있는 그대로 볼 수 없다. 사람이나 사건에 대해서도 마찬가지다. 수많은 견해와 지식들 때문에 자신이 '보고 싶은 대로', 자기가 볼 수 있는 딱 그만큼만 본다. 그 '자기 세계'를 벗어나지 못하면 타자들의 세계로 진입할 수 없다는, 사과 한 알도 제대로 만날 수 없다는 게 세잔의 깨달음이었다. 무언가가 생성되려면 동시에 다른 무언가는 파괴되고 해체되어야 한다는 사실은 불변의 자연법칙이다. 우리 역시 그 자연법칙으로부터 자유로울 수 없다.

예술은 세계의 표상이 아니라 세계 자체에 대한 질문이다. 가장 감각적이고 가장 직접적인, 그리고 매개없이 바로 신경체계를 뒤흔드는 강력한 질문이다. 당신이 믿고 있는 가치를 의심하라! 당신의 감각과 감정을 의심하라! 그리하면 당신 앞에 이 세계가 '있어야 하는 대로'가 아니라 '있는 그대로' 펼쳐지리라.

시간은 어떤 공간 속에서, 어떤 관계와 더불어 펼쳐지느냐에 따라 속도도 굴곡도 다르다. 자, 이제 우리에게 주어진 더 많은 시간을 어떤 식으로 펼칠 것인가. 끝도 없이 욕망을 부추기는 소비의 회로에서 벗어나 지금이야말로 전례 없는 무용함을 창조할 때다. 쉴 때조차 더 유용해지기를 압박하는 자본의 회로에서 벗어나 모든 가치로부터 자유로운 낯선 자신을 만나고자 한다면, '무용지용'의 세계인 예술과 접속해보시라.

예술에 대한 우리들의 오해

폴 세잔, 「생트 빅투아르 산」 습작들(1901~05년)
저 육중한 부동(不動)의 산이 꿈틀거리는 순간을 포착할 때까지, 자신에게만 은밀하게 내보이는 산의 떨림을 발견할 때까지, 끊임없이 반복되는 세잔의 오랜 기다림. 세잔의 미완성 습작들은 그런 기다림의 흔적들이다. 예술가, 온몸을 던져 기다릴 줄 아는 자의 이름!

장 프랑수아 밀레, 「씨 뿌리는 사람」(1850년/좌); 빈센트 반 고흐의 습작(1888년/우)
그때까지 그림의 주제가 되지 못했던 익명의 농부가 성큼성큼 언덕을 내려오면서 씨를 뿌린다. 밀레는 이 그림을 통해 도시의 관람객들이 "느끼는 만족과 여유 속에서 편안해하는 그들의 마음을 뒤흔들어 놓고자" 했다고 한다. 반 고흐는 여기서 무얼 본 것일까? 밀레의 의도를 감지한 것일까?

반 고흐의 「씨 뿌리는 사람」 습작들(1888년)

반 고흐의 끊임없는 배움과 훈련. 씨를 뿌리는 농부처럼, 캔버스에 자신만의 붓질과 색채를 심는 반 고흐. 반 고흐에게 그림이란 다시 시작되기를 끊임없이 반복하는 노동이 아니었을까?

티베트의 제14대 달라이 라마, 텐진 갸초와 중생들
"세상이 계속되는 한, 그리고 생명이 존재하는 한, 그때까지 나도 살아 이 세상의 온갖 고통을 물리치리."――달라이 라마의 기도문

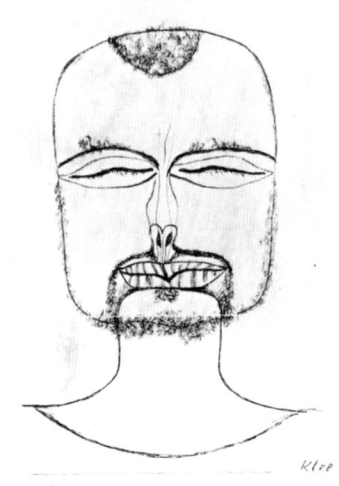

파울 클레의 자화상,「생각에 잠기다」(1919년)
"나는 창조한다. 울지 않으려고!" 그런 예술가에게 병은 약이 되고, 고통은 힘이 된다. 병과 고통마저 창조의 힘으로 전환시키는 예술가의 지혜. 현자(賢者)의 행복한 자화상.

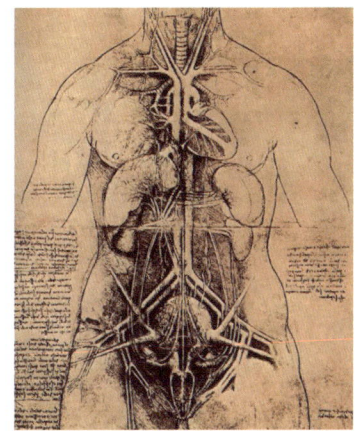 

레오나르도 다 빈치의 드로잉
천재의 괴물 같은 탐구욕을 보여주는 징표들. 관찰하고 그리고, 다시 관찰하고 다시 그리고……. 예술의 세계에 완성이란 없다는, 타고난 천재의 걸작은 없다는, 레오나르도 다 빈치의 메시지.

구스타브 쿠르베, 「안녕하세요, 쿠르베씨」(1854년/위)
쿠르베 그림에 대한 삽화(아래)

거만하게 고개를 치켜든 채 인사를 받는 쿠르베와 그에게 예의를 갖춰 인사하는 신사. 이 둘의 진짜 관계는 뭘까? 힌트는 바로 저 삽화! 삽화의 과장된 표현은 절대 오버가 아니다. 무엇이 부르주아들을 이토록 격분하게 만든 것일까? 그러거나 말거나, 어쨌든 제 길을 가는 쿠르베씨, 안녕하신가요?

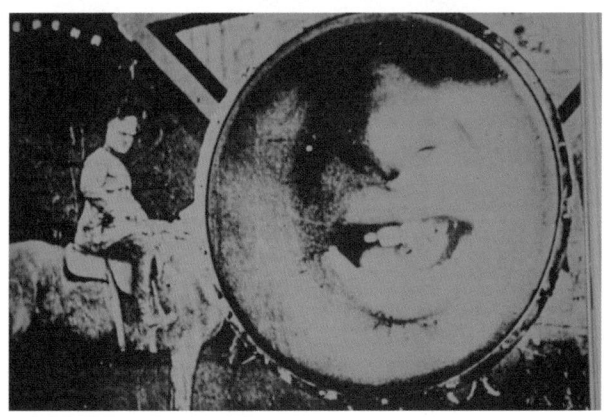

지가 베르토프의 카메라-눈, 스피커-입

눈은 아주 작은 영역밖에 보지 못하지만, 카메라와 접속한 눈은 무엇을 상상하든 그 이상을 볼 수 있다. 목소리는 조금밖에 퍼지지 못하지만, 스피커와 접속한 입은 엄청난 거리를 주파한다. 접속의 힘!

김홍도, 「생황 부는 신선」
눈처럼 하얗고 뽀송뽀송한 피부에, 이슬과 바람을 먹고산다는 신선. 몇백 년을 살았다는데도, 그들이 동안(童顔)을 유지할 수 있는 비결은 뭘까?

렘브란트, 「자화상」(1665년)
이제 막 어둠 속으로 사라지려는 렘브란트. 그의 뒤에 서 있는 건 혹 저승사자일까? 그 순간, 누군가가 렘브란트를 불러 세운다. 뒤를 힐끔 바라보는 렘브란트의 얼굴 위로 쏟아지는 빛, 그리고 그의 문드러진 육신을 뚫고 솟아오르는 천진한 아이의 미소!

세잔, 「사과와 오렌지」(1895~1900년)
아담과 이브를 타락에 빠뜨린 나쁜 사과, 뉴턴의 놀라운 발견을 가능케 한 기적의 사과와 더불어, 세계 3대 사과 중 하나라고 소문난 세잔의 사과! 무엇이 세잔의 사과를 그토록 유명하게 만든 것일까?

클로드 모네, 「카퓌신 거리」(1873년) 전체(위)와 세부(아래)
멀리서 보면 사람들로 가득 찬 번화한 대로변의 사실적 풍경. 그러나 가까이서 보면 색의 얼룩들로 채워진, 가까이 가면 갈수록 사라져버리는 세계의 '인상'.

조르주 쇠라, 「그랑자트 섬의 일요일 오후」(1884~86년)
가까이서 보면, 무수한 색 입자들의 뒤섞임과 소용돌이. 그러나 멀리서 보면, 이 혼란스러움이 만들어내는 고요와 정적. 인상주의 안에서 인상주의를 넘어선 그림. 인상주의도 아니고 인상주의가 아닌 것도 아닌, 경계 위의 그림.

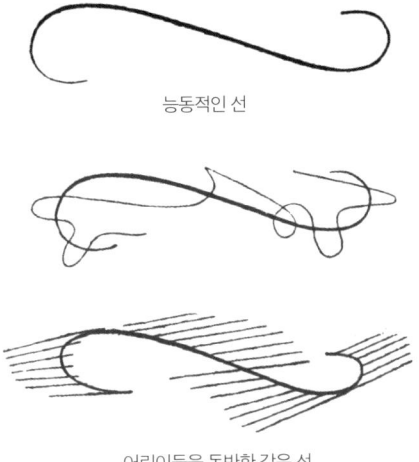

능동적인 선

어린이들을 동반한 같은 선

순회하며 진입하는 같은 선

주선이 서로가 생각하는 위에서밖에 존재하지 않는 2개의 지선

클레의 여러 선들
선, 세계의 천 가지 표정. 각각의 표정과 함께 생성되는 천 개의 속도, 천 개의 리듬.

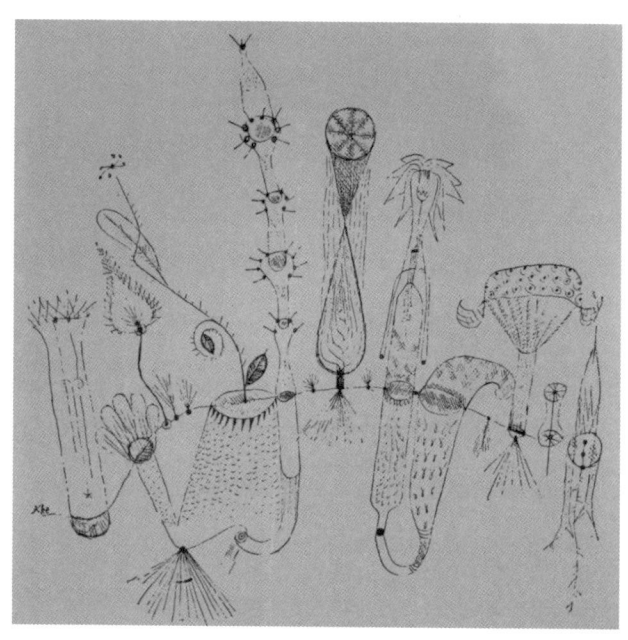

클레, 「식물과 대지, 공기의 영역 스케치」(1920년)
대지로부터 발아하는 식물들의 힘, 식물에 스며드는 공기의 흐름, 물의 순환……. 보이지 않는 움직임들을 표현해낸 클레의 선들.

2

예술, 우리들의 크고 단단한 웃음

파울 클레의 「꽃의 신비」(1918)

한 송이 꽃은 어떻게 피어나는가. 새가 씨앗을 물어 나르고, 해와 달과 별은 밤낮으로 싹을 돌보고, 주변의 나무와 산들은 살랑거리면서 꽃 피기를 기다린다. 한 송이 꽃을 피우는 과정에는 이처럼 전 우주의 돌봄과 기다림이 있는 것. 예술은 한 송이 꽃이다.

아티스틱, 아티스트, 아트풀······. 우리 시대에 '예술'(art)이라는 수식어가 붙는 단어들은 왠지 '명품'이라는 단어를 연상시킨다. 아주 특별하고 아름다운, 꼭 있어야 하는 건 아니지만 한번쯤은 갖고 싶어지는 럭셔리한 사치품. 쇼윈도의 명품처럼 낯설고 거만한 예술. 그래서인지 아무나 그런 명품을 가질 수 없는 것처럼 예술도 모두의 것이 아니라 특정한 '누군가'의 소유물로 여겨진다. 그렇다면 굳이 예술을 배워 뭐하나, 싶은 의문이 들기도 한다. 하지만 '예술'이라는 말에 아무도 소유할 수 없는 것, 그렇기 때문에 모두가 즐기고 나눌 수 있는 것, 삶을 행복하게 만드는 지혜, 소박하면서도 풍요로운 필수품이라는 의미를 돌려줄 방법은 없을까?

2부는 결과물이 아니라 과정으로서의 예술, 소유가 아니라 나눔으로서의 예술, 법칙이 아니라 규칙을 만들어가는 실천으로서의 예술을 생각해보는 시간이다. "예술이란 이런 것이다"라는 출발점도, 정해진 답도 없다. "이런 게 예술이 아닐까?"라는 질문이 있을 뿐. 커다란 물음표로서의 예술! 그 물음표를 채우는 건 독자 여러분의 몫이다.

예술, 우리들의 크고 단단한 웃음

우리는 오로지 예술을 통해서만 우리 자신으로부터 벗어날 수 있다.
또 오로지 예술을 통해서만 우리가 보고 있는 세계와는 다른,
딴 사람의 눈에 비친 세계에 관해서 알 수 있다. 예술이 아니었다면
그 다른 세계의 풍경은 달나라의 풍경만큼이나 영영 우리에게 알려지지
않은 채로 남아 있을 것이다. 예술 덕분에 우리는 하나의 세계, 즉
자신의 세계만을 보는 것이 아니라 세계가 증식하는 것을 보게 된다.
──마르셀 프루스트, 『잃어버린 시간을 찾아서』에서

거리 위의 미술

길을 가는데 누군가 내 걸음을 멈춰 세운다.

"도(道)를 아십니까?"

"?!?!"

등교하는 길에 친구가 진지하게 묻는다.

"넌 사는 게 뭐라고 생각하니?"

"?!?!?!"

'도를 아냐'는 질문을 강의실에서 들었다면, 틀림없이 아주 고차원적인 질문이라고 생각하고서 진지하게 고민했을지 모른다(적어

도 그런 척은 했을지도 모른다). '삶이란 뭔가'라는 질문 역시 철학책에서 마주쳤다면 한순간이나마 깊이 생각해보지 않았을까? 하지만 그런 질문들을 거리에서 만나게 되거나 매일 농담이나 주고받는 친구에게서 듣게 되면, 생뚱맞은 농담이나 헛소리로밖엔 안 들린다. 그러니 시도 때도 없이 스승들을 붙들고 "스승님, 도가 뭡니까?"라거나 "죽음이란 무엇입니까?"라고 질문했다던 옛 선인들의 일화는 지금의 우리로선 상상조차 불가능하다. 하지만 그건 어쩌면 그 질문들의 무거움 때문이라기보다는, 그 질문들을 받아들이는 우리 자신의 무거움 때문이 아닐까?

그리스 시대의 철학자들이 철학하는 곳은 자기 집 서재나 대학의 연구실이 아니었다. 그들이 가장 즐겁게 자신의 철학을 펼쳐 보인 곳은 바로 길거리였다. 그들은 길 위에서 사람들을 모아놓고 끊임없이 질문을 던지고, 던지게 했다. 걸으면서 질문하기, 그게 그리스 시대의 철학이었다.

동양의 성인들 역시 길 위에서 자신의 사유를 풀어놓았다. 공자는 평생토록 자신이 쓰일 수 있는 곳을 찾아 떠돌았으며, 명대(明代) 양명학의 스승인 왕양명(王陽明) 역시 전쟁터와 유배지에서 만난 사람들에게 철학을 가르쳤다. 붓다와 예수의 삶은 말 그대로 '길 위의 삶'이었다. 35세에 깨달은 붓다는 80세에 열반에 들 때까지 쉬지 않고 길 위에서 설법했으며, 예수 역시 사람들에게 '기쁜 소식'(복음)을 전하기 위해 걷고 또 걸었다. 이들에게 철학은 무거운 정신의 유희가 아니라 삶을 지탱하는 영양분이었고, 답이 아니라 질문이었으며, 더 많은 사람들이 행복해지기를 바라면서 건네는 일종의 선물이었다. 이런 시대에는 장작을 패고 물고기를 잡는 기술처럼 철학을 하는 것도 삶의 일부였다. 돈은 없어도 살지만 철학 없이는 살 수 없는 시대. 전혀 상상이 안 되지만 그런 시대가 있었다.

예술 역시 삶의 일부였던 때가 있다. 원시 부족들에게는 우리가 '예술'이라고 부르는 활동이 따로 없다. 그들은 제의 속에서, 자연과의 관계 속에서, 공동체 속에서, 자신들의 언어와 몸짓과 소리들로 무언가를 표현할 뿐이다. 예술은 없지만 모든 것이 예술적인 사회. 그들에게 예술은 삶을 꾸미는 장식물이나 일상 밖의 특별한 활동이 아니라, 삶을 위한 하나의 '기술'(art)이었던 셈이다.

고대인들에게 철학과 예술은 마치 매일 뜨는 해나 달처럼 너무나 일상적이어서 '철학한다', '예술한다'는 말조차 필요치 않았다. 일상의 지혜가 철학이고, 일상의 창조가 예술이었던 것. 하지만 지금 우리에게 철학과 예술은 가장 비일상적인 것, 가장 접근하기 어려운 불모의 영토가 되어버린 게 아닐까? 삶과 맞닿아 있는 것이 아니라 삶을 벗어난 어떤 것, 있어도 그만 없어도 그만인 사치품처럼 치부되고 있는 건 아닐까?

삶이 초라한 시대일수록 문화에 대해 떠든다고 했던 앙토냉 아르토의 말처럼, 문화예술 산업의 규모가 날로 커지고 예술에 대한 얘기들이 이렇게 흘러넘치는데도, 어쩐지 우리의 일상은 자꾸만 볼품없어져 가는 듯하다. 그런 우리가 예술 앞에서 쏟아내는 무거운 탄식, "아, 예술은 정말 따분하고 피곤해!"

하지만 우린 일상 속에서 이와는 전혀 다른 방식으로 예술을 말하기도 한다. 예컨대 춤을 잘 추는 친구들을 보며 감탄하는 말, "쟤, 춤추는 거 하난 정말 예술이야!" 또 노래를 잘 부르는 친구들에게, 요리를 잘하는 친구들에게, 운동을 잘하는 친구들에게 우리가 입을 헤벌린 채 이구동성으로 외치는 소리, "저것 좀 봐! 예술이다!!" 이런 '예술'은 우리의 일상 곳곳에서 발견된다. 마치 그리스인들이 아주 신기한 광경을 보거나 어떤 행위를 뛰어나게 잘 하는 사람들을 볼 때마다 "신이다!"라고 외치며 감탄했던 것처럼, 우리는 놀라움과 경탄을 자아내는 어떤 행위를 보면 저절로 "예술이다!"라고 외치게 된다. 그러나 이 외침 속엔 교양이라든지 고상함, 혹은 어떤 고차원적인 미학적 안목이라든가, 우리의 일상을 보잘것없이 만드는 교양의 권위 같은 건 없다. 오히려 그런 일상적 감탄 속에는 우리의 놀라운 발견과 기쁨, 그리고 새로운 감각과 웃음이 묻어난다.

어떻게 하면 예술을 특정한 사람들의 '사치품'이 아니라 우리가 살아가는 데 반드시 필요한 '필수 영양소'가 되게 할 수 있을까? 어떻게 하면 예술을 천상의 존재가 아니라 현실 속에서 우리와 함께 떠들고 웃는 친구로 만들 수 있을까? 어떻게 하면 예술을 통해 더 행복하고 건강해질 수 있을까? 우리의 여행은 이런 질문들과 함께 시작된다.

2부에서 우리를 기다리는 건, 1부에서 만난 천재들의 '몸짓'이다. 하나의 작품은 사람들이 살아가면서 부딪힌 장애물들, 그 장애물을 넘기 위한 몸짓들, 그들이 만난 친구와 스승들, 그들의 성공과 실패를 모두 담고 있다. 뿐만 아니라 우리가 작품을 마주치는 그 순간의 에너지, 우리의 느낌, 우리의 이야기까지도. 그래서 작품 자체는 과거의 산물이지만, 작품의 의미는 언제나 현재 벌어지는 생생한 사건이다. 또 작품 자체는 유한한 물질 덩어리에 불과하지만, 그 물질이 우리를 만나는 순간 여러 세계들이 마법처럼 열린다. 그렇기 때문에 예술 작품을 만나는 것은 다른 세계를 경험하는 것이고, 그런 경험은 필연적으로 다른 감각과 다른 언어, 다른 생각을 발생시킨다. 그런 의미에서 예술-하기는 철학-하기다.

존재하는 것만으로도 힘이 되고 용기를 주는 친구처럼, 예술은 사방이 꽉 막힌 현실에 틈을 내주고 다른 세계를 꿈꾸게 해주는 비장의 무기가 되어줄 것이다. 그리하여 프루스트의 말대로, 우리를 다른 존재들이 사는 다른 별로 날아가게 해줄지도.^^

낯선 감각을 만나다

음악을 듣거나 영화를 볼 때, 혹은 그림을 보거나 책을 읽을 때 우리가 느끼는 즐거움은 대개 두 가지 중 하나다. 익숙한 것에서 오는 즐거움, 아니면 낯선 것에서 오는 즐거움. 그런데 습관의 힘이란 아주 강한 것이어서 대개의 경우 익숙한 것들은 쉽게 좋아하는 반면, 낯선 것들은 배척하려는 경향이 있다. 대중문화는 이 '습관적 익숙함'을 이용하여 자기 복제를 반복함으로써 우리의 감각을 획일화한다.

예컨대, 아침부터 저녁까지 반복되는 드라마의 관습들은 지

겨울 정도로 뻔하다. 주인공들만 살짝 교체될 뿐 뒤얽힌 애정 관계와 불치병, 지고지순한 사랑과 배신, 복잡한 가족사와 출생의 비밀 ……. 첫 회만 보고도 결말을 예감할 수 있는 그 진부한 시추에이션! 그뿐인가? 욕하면서 본다더니, 그걸 보면서 주인공보다 더 오버하는 우리의 진부한 시추에이션!

감각이나 감수성은 의식보다 앞서 반응하기 때문에, 한번 길들여지고 나면 여간해선 바꾸기가 쉽지 않다. 패스트푸드에 길들여진 우리의 미각으로는 자연의 산해진미를 즐길 수 없듯이, 익숙한 감각들에 길들여지면서 다른 것을 감각할 수 있는 능력이 퇴화되어버린 것이다. 때문에 먹던 것만 먹고, 듣던 것만 듣고, 보던 것만 보는 사람은 공감의 영역이 작을 수밖에 없고, 그건 곧 감수성의 무능력을 의미한다. 이 진부하고 익숙한 감각들로부터 자유로워질 수 있는 방법은 없는 걸까?

뒤샹은 1917년에 길거리 상점에서 변기 하나를 구입했다. 그러고는 변기 한쪽에 'R. MUTT'(누군지는 알 수 없다)라고 서명한 후, '샘'이라는 황당한 제목을 달아 미술관에 보냈다. 그게 바로 세상에서 가장 유명한 변기, 「샘」이다. 뒤샹은 대체 무슨 생각으로 이런 이상한 짓을 한 것일까? 그 변기가 아름다워서였을까, 아니면 정말 변기가 샘을 닮았다고 생각한 것일까, 그도 아니면 아무 의미 없는 농담이었을까? 우리는 대체 이 변기, 아니 샘을 어떻게 감상해야 하는 걸까? 이건 예술일까, 아닐까?

뒤샹은 흔하디 흔한 변기 하나를 가지고 예술에 대한 우리의 전제 자체를 의문에 부친다. 그러니까 뒤샹이 던진 질문은 이런 거다. 난 아티스트다, 그런 내가 기성품을 사서 사인을 했다, 그리고 그걸 미술관에 보냈다. 자, 판단해주시라. 이건 미술인가 아닌가? 만약 미술이라면, 무엇이 저걸 미술로 만드는가? 미술관인가, 미술가인가? 미술이 아니라면, 내가 한 건 뭔가? 저 발상 자체는 미술가인 나의 것이 아닌가? 그의 변기는 예술 자체의 경계를 질문하는 거대한 물음표가 된다. 세상에, 변기 하나로 이렇게까지 떠들썩하게 세상을 뒤흔들어놓을 수 있다니! 4차원 천재 뒤샹!!

'샘'으로 둔갑한 변기처럼 기성품에 새로운 의미를 부여하는 미술 기법을 '레디메이드'(ready-made)라고 하는데, 뒤샹을 비롯한 20세기 초의 다다이스트들과 초현실주의자들은 이런 레디메이드를 작품에 즐겨 사용했다. 그들이 많이 제작했던 콜라주(collage)나 포토몽타주(photomontage)는 주변에 굴러다니는 실제 사물과 잡지나 신문에 실린 사진을 이용한 것이고, 라우션버그의 콤바인 페인팅(combine painting)은 쓰레기나 굴러다니는 잡동사니들을 모아 붙인 것들이다. 어떤 것도 결합될 수 있으나, 아무것으로도 규정될 수 없는 사물들의 자유로운 아상블라주(assemblage)! 너무나 흔해 빠져서 눈에 띄지도 않을 이미지나 물건들이 그렇게 우리 앞에 다른 방식으로 제시되면 예기치 못한 사건이 발생한다. 익숙한 것들이 갑자기 낯설어지면서 기이한 즐거움이 솟아나는 게 아닌가. 굳어버린 감각을 일깨우기 위해선 이처럼 기존의 것을 살짝 비틀고 뒤집어놓는 것으로 충분하다.

로트레아몽이 선언한 초현실주의자들의 창작 원리는 "수술대 위에서의 재봉틀과 우산의 만남"이었다. 허참, 수술대와 재봉틀과 우산이 대체 무슨 연관성이 있다는 것인지, 논리적으로 따지고 들면 정말 황당무계하기 짝이 없는 구절이다. 하지만 마치 전혀 다른 소리를 가진 악기들이 서로 어울렸을 때 예기치 못한 소리와 리듬을 만들어내듯이, 재봉틀과 우산이라는 서로 다른 울림과 이미지를 갖는 단어들이 적절한 수술(operation)을 거치면 전혀 다른 울림과 이미지들을 생산하기도 한다.

앙드레 브르통의 콜라주를 보라. 권투 글러브와 시 구절과 고물상에서 주워온 듯한 이상한 나무판자들이 한 화면에서 덜그럭거리고 있다. 그 낯선 소리들, 이 기묘한 조합이 불러일으키는 우연한 느낌들, 그게 바로 이 작품의 의미다. 그러므로 이 작품의 '정확한' 의미가 뭔지는 아무도 모른다. 정해진 작가의 의도나 작품의 정확한 의미를 찾으려고 땀을 삐질삐질 흘리는 우리들에게 던지는 초현실주의자들의 조언 ─ "아는 척하지 말고 느껴! 따지려 들지 말고, 긴장 풀고, 자자 웃어보라구!"

우리의 신체는 낯선 감각을 만나면 움츠러들기도 하지만, 때로는 알 수 없는 상태로 변형되기도 한다. 익숙한 것을 만나면 미리 대기 중인 감각과 언어들이 작동하지만, 낯선 것을 만날 때는 우리 자신조차 알 수 없는 새로운 언어와 감각들이 작동하기 때문이다. 소프트한 발라드만 듣다가 하드록을 들었을 때 갑자기 온몸이 폭파되는 듯한 경험을 하는 것처럼, 새로운 감각을 받아들인다는 건 새로운 신체의 느낌을 갖게 됨을 의미한다. 그리고 그렇게 새로운 감수성을 받아들인 신체는 기존의 언어 대신 새로운 언어를 갖게 된다. 예컨대 여성의 감수성과 감각을 받아들인 남성은 자기 안에 여성의 언어를 품게 되고, 동물의 감각을 경험한 식물은 자기 안에 동물의 언어를 품게 된다. 그리고 그 순간 우리의 신체는 이상한 나라의 앨리스처럼, "이 세상에 한 번도 없었던 커다란 망원경처럼 확대되어 열린다". 낯선 감각을 만나는 것은 이처럼 또 다른 세계 하나를 내 신체에 품는 것이다.

익숙한 것에서 벗어나 낯선 것들에게 말을 걸어보자. 낯선 감각으로부터 도망치지 말고, 감각이 전해져 오는 곳을 향해 신체를 열어보자. 혹은 익숙한 것들을 뒤집고 비틀고 쪼개서 낯설게 만들어보자. 뒤샹처럼, 로트레아몽처럼, 앨리스처럼. 예술-하기의 즐거움이란, 그렇게 낯선 감각을 만나고, 만드는 데서 시작된다.

의심하라, 거침없이!

단어를 효과적으로 암기하는 방법 중 하나가 '반대말 짝짓기'다. 춥다/덥다, 크다/작다, 둥글다/모나다, 어른/아이……. 반대말을 배우다 보면 이 세상은 대립되는 것들로 가득 찬 것 같다. 물론 살다 보면 '춥지 않다'는 말이 '덥다'와 같지 않다는 걸, 세상에는 아이 같은 어른(혹은 그 반대)도 많다는 걸, 하루살이에겐 하루가 영원이지만 몇천 년을 사는 나무에겐 일 년도 한순간이란 걸, 그래서 결국 세상에 반대되는 것은 거의 없다는 걸 알게 되지만.

　세상은 반대되는 것들이 아니라 다른 것들로 이루어져 있다. 다만 그 다른 것들의 가치를 파악하는 우리의 마음과 눈이 다를 뿐이다. 중요한 것은, 다른 것들을 나누고 규정짓고 판단하는 것이 아니라, 그 다름들로부터 새로운 가치를 발견할 수 있는 능력이다. 좀 '야한' 그림 두 편을 가지고 얘길 시작해보자.

　마네의 「올랭피아」와 티치아노의 「우르비노의 비너스」. 그림 속의 두 여인 모두 벌거벗은 채 침대에 누워 있다. 누워 있는 포즈나 침대 옆의 하녀, 그리고 여인의 발치에 놓인 동물(강아지와 고양이)까지, 두 그림 중 하나는 '표절'임이 분명해 보인다. 마네는 19세기, 티치아노는 16세기 화가니까, 당연히 마네가 티치아노를 표절했겠지? 빙고! 실제로 마네는 티치아노의 「우르비노의 비너스」를 몇 차례 습작한 후에 자신의 「올랭피아」를 그렸다. 그런데 어째 석연치가 않다. 표절치고는 좀 많이 이상하지 않은가? 화면에 등장하는 요소들은 비슷한데, 느낌이 달라도 너무 다르다.

　티치아노의 그림 속 여인은 누가 봐도 아름다운 육체를 뽐내고 있고, 그림 속의 공간 또한 그런 여인에게 어울리는 잘 정돈된 공간이다. 하지만 마네의 그림에서 보이는 여인과 그녀가 있는 공간은 어떤가. 티치아노의 늘씬하고 하얀 피부의 누드와 비교해볼 때, 마네의 누드는 팔다리도 짤막하고 목과 허리는 굵으며 피부는 거무튀튀하다. 게다가 촌스럽기 짝이 없는 장신구와 냄새가 날 듯 꾀죄죄한 침대 좀 보라지. 어디 그뿐인가. 티치아노의 누드는 관람객의 시선을 수줍은 듯 미소 지으며 바라보고 있지만, 마네의 누드는 '누드치고는' 너무도 당당하게 관람객의 시선을 빤히 쳐다보고 있지 않은가. 누가 보더라도 티치아노의 누드는 '아름답지만', 마네의 누드는 '추하다'. 마네는 왜 저렇게 추한 누드를 그린 걸까? 이렇게 추한 것도 예술이 될 수 있을까?

웬만큼 자극적인 게 아니고서야 꿈쩍도 하지 않는 지금 우리의 시각으로 보면 마네의 「올랭피아」는 특별히 놀라울 게 없다. 하지만 이 작품이 19세기 중반 대중들 앞에 전시되었을 때 많은 사람들은 경악을 금치 못했다. 만약 그 시대에 인터넷이 있었다면, 사이트마다 온갖 악플과 선정적인 기사 제목이 뜨면서 단번에 검색어 1위에 등극했을 게 틀림없다. 대체 뭐가 이 작품을 그토록 '비호감'으로 만든 걸까?

마네의 「올랭피아」는 그때까지 이어져 오던 누드화의 전통을 완전히 무시한다. 이를테면, 여성의 누드는 추한 포르노가 아니라 '고급 예술'이란 걸 보여주기 위해 늘 여신을 가장했으며, 여신답게 가장 이상적인 신체를 구현하고 있어야 했다. 때문에 보는 이들도 '벌거벗은 신체를 훔쳐본다'는 죄의식 없이 당당하게 화면의 누드를 응시할 수 있었다. 야동이 없던 그 시절, 여인의 누드화는 그런 식으로 공공연하게 '즐감'되었던 것.

그러나 마네의 그림에 등장하는 여인은 여신인 척할 생각은 조금도 없는, 알 만한 사람은 다 아는 실제 인물이었다. 이상적인 신체? 그런 게 있기는 있냐는 듯이 매력 없는 몸매를 과시하는 여인. 더군다나 그녀는 수줍어하기는커녕 부끄러운 줄도 모르고 정면을 뻔뻔하게 응시하고 있는 것 아닌가. 이것만으로도 모자라 마네는 그림을 아예 검은 면과 흰 면으로 뭉개다시피 표현했다. 흑인 하녀와 발치의 검은 고양이는 웬만한 주의력이 아니면 있는지도 모를 지경이고, 어두컴컴한 뒷배경은 공간감을 느낄 수 없을 만큼 평평하게 칠해져 있다.

같은 시기에 최고의 찬사를 받았던 작품이 카바넬의 「비너스의 탄생」이었다는 사실을 참고하면, 당시 사람들이 이 그림 앞에서 느꼈을 당혹스러움이 어느 정도였을지 짐작되고도 남는다. 저것도 그림이냐, 여성 누드에 대한 모독이다, 미술에 대한 불경이다, 추하고 끔찍하다, 저건 예술을 가장한 외설이다, 화가는 각성하라……. 당연하게도, 무수한 악플이 난무했다.

마네와 카바넬의 두 그림을 놓고 보면, 분명 마네의 그림은 당혹스럽다. 저 못생긴 누드화를 어떻게 거실에 걸어놓을 수 있겠는가? 걸어두고서 훔쳐보고 만지고 싶게 하는 건 분명 카바넬의 그림이다. 하지만 우리를 자극하고, 우리로 하여금 말하고 싶게 하고, 자꾸만 질문하고 싶게 만드는 건 마네의 그림이다. 아무것도 미화하지 않는 저 썰렁한 태도, 3차원인 척하고 싶은 마음이라고는 눈곱만큼도 없는 평평한 화면, 누드화의 전통을 완전히 무시한 저 대담무쌍함. 이 모든 것이 우리의 감각을 자극하고, 우리를 불편하게 한다.

하지만 바로 그런 점들 때문에 마네의 그림은 카바넬의 그림보다 더 '예술적'이라고 할 수 있다. 익숙한 사물을 낯설게 만듦으로써 사물에 새로운 의미를 불어넣었던 뒤샹처럼, 마네 역시 기존의 가치를 의심하고 익숙한 주제를 비틀고 뒤집음으로써 새로운 가치를 생산했기 때문이다.

우리가 어떤 것을 아름답다고 판단하는 건 많은 경우 습관에 따른 것이다. 작품을 있는 그대로 느끼는 것이 아니라 기억 속에 저장된 미적 기준에 비추어 해석하려고 하다 보니, 익숙하고 습관적인 감각을 뛰어넘는 새로운 작품 앞에서 당혹스러움을 느끼게 되고, 익숙하지 않으므로 아름답지 않으며, 아름답지 않으므로 추하다고 생각한다. 하지만 예술은 아름다운 것이라기보다는 차라리 충격적인 게 아닐까? 어느 날 갑자기 다가와 내 삶의 방향을 바꾸는 사랑처럼, 새로운 감각과 가치를 담은 예술 작품은 우리의 익숙함을 송두리째 뒤흔든다. 그런 다음, 속사포 같은 질문들을 퍼붓는다. 니가 보는 게 보는 게 아니야, 니가 아는 게 아는 게 아니야, 라고 노래하면서, 내가 믿는 가치를 의심하게 한다.

마네는 자신의 작품을 비난하는 사람들에게 말한다. "난 그저 내 눈에 보이는 걸 보이는 대로 그렸을 뿐인데 왜들 그러지?"라고. 보여주어야 하는 대로가 아니라 보이는 대로, 그려야 하는 대로가 아니라 그리고 싶은 대로 그린 그림에는 기존의 법칙 따위에 얽매이지 않는 어린아이만의 용감무쌍함이 있다. 그런 눈으로 예술을 바라보면 대부분의 사람들이 불쾌하다고 느끼는 것, 도덕적으로 정당하지 않다고 생각하는 것, 우리의 눈과 귀를 어지럽히는 것도 예술일 수 있다. 예술은 예술을 규정하는 몇몇 요소들 때문이 아니라, 우리가 정해놓은 규칙들에 얽매이지 않는 그 과감함 때문에 예술이다. 그런 점에서 예술은 언제나 자기 시대와 자기 종족의 '돌연변이'인지도 모르겠다.

예술의 반대는 비(非)예술이 아니고, 아름다움의 반대는 추함이 아니다. 중요한 것은 기존의 '상식' 자체를 의심하는 것, 예술과 예술 아닌 것의 경계를 넘어 작품 속에서 각자가 질문을 구성하는 것이다. 각자가 서 있는 그 자리에서 자신의 시각으로 질문하기! 즐거운 예술은 질문을 통해 기존의 가치를 전복하고, 새로운 가치를 만들어낸다. 의심하라, 거침없이!

진실보다 진실한 거짓말

누군가의 초상이 있다. 상식적으로 보면, 여긴 정확한 드로잉도, 과학적인 명암도, 객관적인 색채도 없기 때문에 뭐가 그려졌는지 쉽게 알아볼 수 없다. 그래도 누군가의 초상이라고 하니 좀더 인내를 갖고 잘 들여다보면 보이긴 하지만, 아무튼 이 초상화, 참으로 성의 없다.

지금의 우리도 이런데 그 당시 사람들이야 오죽했겠는가. 한마디씩 투덜거렸겠지. 저게 대체 뭘 그린 거야, 볼라르씨가 어디 있다는 거야, 뭐가 뭔지 통 알아볼 수가 없군, 아니 그림을 왜 저렇게 안 닮게 그린 거야, 궁시렁궁시렁······. 그림이 사진처럼 똑같을 수야 없겠지만, 적어도 눈으로 확인할 수 있는 어떤 대상을 담고 있어야 한다는 것이 당시 그림을 보는 사람들의 암묵적인 전제였다. 그런데 피카소의 저 그림은 색채도 비인간적일 뿐 아니라 화면 전체가 일정한 면들로만 채워져 있다. 사실적인 명암은 고사하고 초상이라면 적어도 둥근 얼굴에 눈, 코, 입은 있어야 할 텐데 얼굴의 윤곽도, 눈도, 코도, 입도 모두 산산이 조각나 있다. 그러니 그림 앞에 선 사람들의 불평이야 당연지사.

그런데 이 그림과 관련된 일화에 따르면, 부모님을 따라온 네 살짜리 아이가 이 그림을 보고는 "어? 저건 옆집 사는 볼라르 아저씨네!"라고 소리쳤다지 뭔가. 물론 믿거나 말거나지만, 실제로 아무것도 모르는 아이들이 사물을 더 정확히 볼 때가 있다. 지식을 가지고 사물을 보는 사람들은 거기서 자신의 지식을 확인하고 싶어하지만, 아이들의 무구한 눈은 거기에 있는 것만을 보기 때문이다. 그러고 보면, 때론 모르는 만큼 보이기도 하는 법이다.

철학이 고답적이라고 느껴지는 건 그것이 어떤 '진리'를 탐구한다고 생각하기 때문이다. 이와 마찬가지로, 예술이 난해하다고 생각하는 것도 예술 속에 우리가 찾아내야 할 어떤 의도나 의미 같은 게 숨어 있다고 생각하기 때문이다. 음악을 들어도 듣지 못하고 그림을 봐도 보지 못하는 건 그런 이유 때문이다.

하지만 예술은 진리나 답에는 별 관심이 없다. 예술가는 자신이 발견한 진리를 재현하는 것이 아니라, 자신에게 말 걸어온 세계를 자신의 거짓말로 표현한다. 예컨대, 온통 붉은 화면을 보여주면서 '사랑'이라고 거짓말하는 그림처럼, 여러 악기들의 소리를 나열해 놓고 '그리움'이라고 거짓말하는 음악처럼, 예술은 자신이 경험한 세계를 자신의 언어로 표현하는 그 순간부터 거짓말을 늘어놓는다. 가장 닮게 그린 인물의 초상화조차도, 실제 인물을 닮았을 뿐 실제 인물은 아니라는 점에서 하나의 거짓말이다.

하지만 예술가의 그런 거짓말에 속임수 같은 건 없다. 그건 누굴 속이려고 하는 거짓말이 아니라 진실을 말하는 거짓말이기 때문이다. 진실을 말하는 거짓말? 자, 피카소의 거짓말로 다시 돌아가보자.

존재하는 것들은 모두 특정한 공간 속에서 운동하지만, 회화는 특정한 시점에서 대상을 고정시킨 채 재현한다. 3차원적인 공간감을 표현하기 위해 투시도법이나 명암 같은 '트릭'을 써서 표현한대도, 결국 회화는 '가짜 3차원'인 거다. 그럴 바에야 차라리 3차원인 '척'할 것이 아니라 2차원에다 3차원에서 느끼는 감각을 표현하면 되지 않을까? 그렇게 생각한 피카소는 과감하게 모방을 포기한다. 한마디로, '척하지' 말자는 것. 그래서 2차원인 걸 숨기는 대신, 실제 공간 속에서 대상을 볼 때처럼 앞에서, 뒤에서, 옆에서, 위에서, 아래에서 본 모습을 모두 한 화면에 표현한다.

그뿐인가. 우리는 어떤 대상을 윤곽으로 인식하지 않는다. 대상이 빛을 받으면 순간적으로 어떤 부분만 보이는가 하면, 때로는 흐릿하게 진동하는 것처럼 보이기도 한다. 피카소는 그렇게 우리가 실제로 사물을 감각하고 인식하는 대로 대상을 화폭 위에 옮겨놓은 것이다. "이것 보라구, 그림은 2차원이야! 2차원을 3차원으로 만들 수 없다면, 그 2차원 위에다 3차원 공간을 분해해서 재구성하면 되지 않겠어? 머리를 쓰라구!" 피카소의 달걀!! 피카소는 모범 답안이나 해법 등은 모두 잊고, 자기만의 방식으로 거짓말을 꾸며낸다. 이게 볼라르씨다, 이게 정물이다, 이게 사물이 놓인 공간이다, 라고. 그 결과 우리가 보는 건? 입체적인 것처럼 보이는 대상이 아니라, 면과 면들로 이루어진 입체 자체다. 거짓말이 낳은 놀라운 진실!

우리는 이성이나 지식으로 이해할 수 없는 것에 대해 '저건 거짓말이야'라고 쉽게 단정하지만, 현실 속에는 '거짓말 같은 진실'들이 얼마나 많은가? 예컨대, 라틴아메리카의 소설에는 우리가 도저히 이해할 수 없는 기이한 자연현상들이나 초자연적인 사건들이 빈번하게 등장한다. 몇 년 동안을 하루도 빠짐없이 비가 내렸다거나, 초록색 피가 대지를 적셨다거나 하는 등등. 소위 '과학적 합리성'을 중시하는 사람들은 '마술적'이라는 수식어를 붙여서 애써 그것들을 설명하려고 하지만, 막상 라틴아메리카 작가들은 이렇게 말한다. "이건 마술이 아니라 현실이에요. 난 그저 내가 경험한 걸 얘기했을 뿐인걸요!"

진리라는 답을 가지고 있는 사람들은 자신이 믿지 못하는 것, 틀렸다고 생각하는 것을 모두 거짓이라고 배척한다. 하지만 답이 없는 사람들에겐 세상 모든 게 거짓이고, 거꾸로 그 거짓 모두가 진실한 것이다. 알고 있는 진리 대신 내가 본 거짓을 말하기. 융통성 없이 진리를 암송하는 자가 되느니 차라리 최선을 다해 거짓말하는 자가 되기. 모두들 임금님이 입은 '투명 옷'을 찬탄할 때, "저 임금님은 벌거벗었네!"라며 깔깔거리는 아이의 솔직함. 사람들은 "거짓말하면 못쓴다!"라며 아이의 무례함을 나무라겠지만, 아이는 안다. 자신의 거짓말이 정말이란 걸. 그래서 '진짜 볼라르씨'를 찾으려는 사람들이 피카소의 거짓말에 대해 불평할 때, 진리 따위에 관심이 없는 꼬마는 거기서 옆집 사는 볼라르 아저씨를 본다. 즐거운 거짓말, 즐거운 예술!

관점의 다양성, 다수의 진실

아이들에게 옆모습을 그려보라고 하면, 십중팔구 얼굴은 옆모습을 그릴지언정 몸은 정면을 그린다. 마치 얼굴과 상체와 하체가 직각으로 꺾인 이집트 미술처럼 말이다. 우리는 그런 아이들의 그림이나 이집트 미술을 보면 기술의 미숙함에서 비롯되는 '사실성'(reality)의 부족으로 단정짓는다. 입체감이 부여된 '사진적' 재현만을 '사실성'이라고 생각하기 때문이다. 허나, 이집트인들이 기술적 미숙함 때문에 그런 '비사실적' 인체를 그렸다는 건 우리 생각일 뿐이다.

이집트인들이 생각하기에, 인간의 얼굴을 가장 잘 보여줄 수 있는 건 측면, 상체를 가장 잘 보여줄 수 있는 건 정면, 그리고 하체를 가장 효과적으로 보여줄 수 있는 건 측면이었다. 하긴 전체를 정면상으로 표현하면 입체감이 사라진 평평한 신체가 되어버릴 게 분명하다. 두상이 짱구인지 납작한지, 콧날이 오똑한지 낮은지를 알 수 있는 건 측면이 아니고서야 불가능하지 않은가. 반면, 상체를 측면으로 그리게 되면 가슴과 배가 풍만하지 않은 이상 팔뚝 하나로밖에 표현될 수 없을 것이므로 나무 막대기처럼 부자연스러워질 테고, 하체를 정면으로 그리게 되면 'S라인'이고 뭐고 각선미를 살릴 방법이 없을 터. 그러니 이집트인들에게는 저 기이한 '측면-정면-측면'상이야말로 가장 '사실적으로' 인체를 표현할 수 있는 최고의 방법이었던 셈이다.

우리는 흔히 '사실성'을 하나의 관점에서 파악하려 든다. 르네상스 시대에는 2차원 평면 위에 3차원 공간을 최대한 효과적으로 재현하기 위해 각종 투시도법들이 발견되었다. 마사초의 「성삼위일체」는 과학적 이성으로 엄격하게 구축된 공간 속에 종교적 형상들을 놓았다. 여기서는 평평한 벽면이 점진적인 깊이를 형성하면서 뒤로 물러간다. 회화 공간이 이보다 더 사실적일 수 있을까? 하지만 이때의 사실성이란 불변하는 법칙으로서의 사실성이다. 즉, 모든 사람이 다른 방식으로 감지하는 '실재적' 사실성이 아니라 누구든 동일하게 보고 인식해야 하는 획일적 사실성이다. 그런데 곰곰이 생각해보면 이 사실성은 또한 허구적 사실성이기도 하다. 실제 벽은 평평할 뿐인데 '착시'에 의해 벽이 파인 것처럼 느껴지기 때문이다.

이에 비해 중국 남송(南宋) 시대 화가인 마린(馬麟)의 산수화를 보라. 그려진 거라고는 작은 언덕과 제비 몇 마리뿐, 화면은 텅 비어 있다. 하지만 아래에서 위까지 시선을 이동해가노라면, 이 '텅 빈' 곳이 실은 강이고 하늘이며 물임을 느낄 수 있다. 텅 비어 있지만 꽉 찬 공간! 마린의 산수화는 어떤 착시효과나 과학적 투시도법에 의존하지 않고도 '여백'을 통해 무한하게 열린 공간을 만들어낸다.

앞에서도 얘기했듯이, 우리가 공간을 인식하는 방식은 모두 다르다. 어릴 때는 넓게만 보이던 학교길이 커서 다시 찾으면 한없이 비좁게 느껴지는 것처럼, 우리가 체험하는 공간의 '사실성'이란 하나가 아니라 다수다. 마찬가지로 깊이감을 의도한 과학적 공간만 사실적인 게 아니라, 때로는 비과학적인 형상과 공간이 체험적으로 더 '사실적'으로 느껴지기도 한다. 피카소의 거짓말 같은 공간이 진실일 수 있는 것도 이러한 이유 때문인 것.

에셔의 「상대성」에 구현된 공간을 보라. 위에 있는 것이 다른 관점에서 보면 아래 있는 것이 되고, 올라가고 있는 사람이 또 다른 관점에서 보면 내려가고 있는 사람이 된다. 에셔의 그림은 위와 아래, 안과 밖처럼 공존할 수 없는 공간과 공존할 수 없는 시점이 한 화면 안에 공존하는, 상대성이론의 회화적 버전인 셈이다.

인물에 대한 시각이든 공간에 대한 시각이든 역사에 대한 시각이든 하나의 '절대적 시각'이라는 건 있을 수 없다. 그러므로 '사실' 역시 하나가 아니다. 내가 보는 세계와 다른 사람이 보는 세계의 다름과 그 다름의 공존을 인정하자. 그러면 다른 세계로의 넘나듦이 가능해질 테고, 진실은 그런 '넘나듦'의 과정 속에서 구성되는 것이지 법칙으로 주어지는 게 아니다. 예술은 사실을 발견하는 행위가 아니라 사실을 구성하는 행위이며, 주장이 아니라 배움이다. 예술가는 땅속에 묻힌 진실을 캐는 광부보다는 땅 위에 거짓말의 씨를 뿌리는 농부에 가깝다. 공터를 뒤덮는 잡초처럼, 여러분들이 본 세계와 여러분들이 구성한 거짓말-진실이 무성하게 자라나 온 땅을 뒤덮기를!

세상의 리듬을 타다

친구가 된다는 건 뭘까? 어떤 사람들이 친구가 될 수 있는 걸까? 아무리 비슷해도 친해질 수 없는 사람들이 있는가 하면, 전혀 다른 사람들이 쉽게 친해지기도 한다. 또 어떤 집단은 뭘 해도 싸우는가 하면, 어떤 집단은 악조건 속에서도 죽이 척척 맞는다. 친구가 될 수 있는 사람들과 친구가 될 수 없는 사람들, 그 차이는 뭘까?

어두운 숲 속에서 혼자 길을 걷고 있다고 상상을 해보자. 날이 밝으려면 아직도 멀었는데 주위엔 아무도 없고, 동물들의 울음소리는 아주 가까이에서 들려온다. 어디에서 뭐가 튀어나올지도 알 수 없고, 숲을 빠져나가는 길도 보이지 않는 깊은 어둠 속. 불안감은 백 배, 공포감은 천 배. 이 숲을 빠져나가려면, 또는 이 숲에서 날이 밝기를 기다리려면 어쨌든 먼저 이 공포를 이겨내야만 한다. 자, 여러분이라면 어떻게 하겠는가? 어떻게 이 숲 속 어둠의 두려움에서 도망갈 수 있을까?

자신이 무쇠 같은 강심장을 가졌다고 생각하는 사람을 위한 첫 번째 방법은, 그 어둠과 친구가 되는 것이다. 어둠 속에서도 크게 눈을 뜨고 기다리면 어렴풋이 드러나는 형상들이 있게 마련. 빛의 도움 없이 어둠이 홀로 만들어내는 그 형상을 즐길 것. 아니면, 눈을 지그시 감은 채 어둠이 내린 숲 속을 채우는 다양한 소리들에 귀 기울일 것. 그러면 원령공주나 나우시카처럼 숲 속에 사는 정령들의 얘기를 들을 수 있게 될지도 모를 일이다.

하지만 이런 강심장을 갖기란 쉽지 않은 법. 여전히 어둠이 싫고, 동물들의 숨소리가 공포스럽다고 느끼는 겁 많은 사람들을 위한 두번째 방법이 있으니, 그건 바로 노래를 부르는 것이다. 자신이 가장 좋아하는 노래를 목청껏 부르면서 숲을 가로지르다 보면(이때 최대한 노래에 몰입하는 것이 중요하다!) 어느 순간 자신이 어두운 숲 속에 있다는 사실은 까맣게 잊고, 자신의 노랫소리가 만들어낸 작은 우주 안에서 편안함을 느끼게 된다.

숲 속의 어둠은 우리를 두렵게 한다. 그러나 거기서 부르는 우리의 노래는 어둠을 벗어나 다른 세계로 날아갈 수 있는 날개를 달아 준다. 그 순간 어둠은 더이상 어둠이 아니고, 나는 더이상 내가 아니다. 어둠은 내 노래 속으로 스며들고, 내 노래는 어둠을 밝힌다. 노래로 인해 숲은 아까의 무섭고 어두운 숲이 아니라 다른 세계가 되었다. 어둠 속에서 어둠에 속하지 않는 세계를 만들어내기! 이게 어떻게 가능했을까? 그 비밀은 바로 리듬이다.

해협을 여러 차례 건넌 한 수영 선수에 따르면, 물속에 들어가서 한동안은 몸이 저항을 느끼기 때문에 무척 힘들다고 한다. 하지만 계속 헤엄치다 보면 어느 순간 물과 내 리듬이 딱 맞아떨어지게 되는데, 그 순간부터는 수영을 하는 것이 아니라 자신의 신체가 물이 되어 흘러간다는 것이다. 물이 된 신체, 신체가 된 물. 그게 바로 '수영'이라는 사건이다.

어둠 속의 노래, 흐르는 물속에서의 수영, 그리고 친구 되기. 이 모두에서 중요한 건, 그것과 나의 '리듬'을 만드는 일이다. 춤을 추고,

노래를 하고, 그림을 그리고, 물건을 만드는 등의 예술은 모두 사물과의 리듬을 만들어내는 행위라고 할 수 있다. 새가 바람을 타고, 선인장이 뜨거움을 견뎌내는 것 역시 그들이 세상 속에서 자신의 리듬을 만들어낼 수 있기 때문에 가능하다. 그러고 보니 최초의 예술가는 외부 세계와 소통하면서 자신의 노래를 부르고 자신의 색을 만들어낼 줄 알았던 동식물이었다는 사실!

세계와 나의 공통 리듬이 만들어지면, 그 리듬 안에서 우리는 다른 존재가 된다. 예컨대, 나와 물고기의 신체가 다른 만큼 내가 헤엄칠 때와 물고기가 헤엄칠 때의 물은 다르다. 나와 리듬을 맞춘 물이 더이상 이전의 물과 동일하지 않듯이 나 역시 그 이전의 나와 동일하지 않다. 이런 식으로 다른 존재들과 만나 하나의 리듬을 이룰 때마다 우리는 여러 개의 나와 여러 개의 세계를 경험하게 된다.

반 고흐의 풍경화를 보라. 나무와 하늘은 기이하게 소용돌이치고, 공간은 휘어졌으며, 형상들은 깨져 있다. 그런데 가만히 그림을 들여다보고 있노라면, 이 이상한 형상들이 묘하게도 우리 마음에 말을 건네는 듯하다. 바람이 느껴지고, 뜨거운 태양도 느껴질 듯하며, 휘청거리며 걸어가는 누군가의 발걸음이 느껴지는 것도 같다. 이 세계는 단순히 반 고흐가 본 풍경이 아니라, 반 고흐와 풍경이 만나서 이뤄낸 새로운 리듬의 풍경이다. 이처럼 똑같은 풍경이라도 그걸 포착하는 사람의 리듬에 따라 풍경은 전혀 다른 세상을 보여준다.

자신만의 리듬을 만들어낸다는 건 세상과 대화하는 법을, 세상에서 노래하는 법을 배우는 것이다. 즐거운 예술은 우리를 세상 속으로 떠민다. 더 많이 보고, 더 많이 듣고, 그리고 더 많이 표현하라고, 두려워 말고 어둠 속으로 들어가라고, 거기서 침묵하지 말고 노래하라고, 두려움에 굴복하지 말고, 두려움을 기쁨으로 바꾸라고. 리듬-타기, 친구-만들기, 그리고 예술가-되기!

힘을 표현하다

르네상스 이전까지만 하더라도 미술은 음악보다 열등한 예술로 취급되었다. '도레미'라는 음표는 아무것도 재생하지 않고서도 독특한 정서를 표현하지만, 미술은 기껏해야 눈에 보이는 세계를 카피하는 데 불과하다고 생각했기 때문이다. 때문에 음악을 들을 때는 그게 표현하고자 하는 세계를 얼마나 닮았는지를 문제 삼지 않지만, 미술을 볼 때는 관습적으로 닮음의 정도에 따라 가치를 평가하고는 한다. "정말 똑같아!"라는 감탄이나 "저게 대체 뭘 그린 거야?"라는 투덜거림은 모두 그런 관습에 따른 반응이다. 하지만 미술에서 원본과의 닮음을 확인하는 건, 천편일률적인 포즈의 증명사진을 보는 일만큼이나 따분한 일이다.

뭉크의 그림 「사춘기」를 보자. 이 글을 읽는 독자 여러분이 이미 겪었거나, 겪고 있거나, 겪게 될 사춘기. 여러분이라면 사춘기의 자신을 어떻게 표현하겠는가? 거대한 소용돌이? 물음표 하나? 검은색 덩어리? 아니면 총천연색 무지개? 너무 오래돼서 기억이 가물가물하지만, 나라면 구불거리는 모호한 선들로 표현할 것 같다. 이처럼 사춘기에 대한 느낌과 경험만큼이나 다양한 사춘기의 이미지들이 있을 뿐, 사춘기를 닮은 하나의 '올바른' 이미지는 없다.

　뭉크는 사춘기를 거대한 그림자로 표현한다. 어린 나이에 어머니와 누이를 잃었던 뭉크에게는 사춘기가 거대한 죽음의 그림자로 기억되었던 모양이다. 이 그림의 주인공은 앉아 있는 소녀가 아니라 실은 저 형체 없는 그림자, 윤곽 없는 형상들, 모호하게 뒤얽힌 색채인지도 모른다. 또 다른 제목을 붙이자면, '사춘기의 힘'이라고 할 수 있지 않을까?

　그런가 하면 베이컨의 「자화상」은 어떤가? 베이컨은 형체 없이 뭉개진 형상으로 자신의 얼굴을 표현한다. 정확한 윤곽도 없고 눈도, 코도, 입도 모두 불분명한 얼굴. 이게 무슨 얼굴일까 싶지만, 거울을 들고 자신의 얼굴을 1분만 들여다보시길. 뭐가 보이는가?

　무안한 일을 당했을 때 얼굴 반쪽이 확 도려져 나가는 듯한 경험을 해본 적이 있으신지. 아니면 너무 분해서 소리를 지를 때 얼굴이 산산조각 나는 것 같은 경험, 혹은 기쁜 나머지 얼굴이며 몸이 공중에 흩어지는 것 같은 경험, 또 심한 편두통으로 인해 눈이 튀어나오고 머리가 깨지는 듯한 경험들. 얼굴은 고정된 형상인 것 같지만, 어떤 힘이 우리를 관통하느냐에 따라 매번 변한다. 베이컨이 보여주는 것은 그처럼 얼굴 위로 힘이 지나간 자리들이다.

　음악을 들을 때나 그림을 볼 때도 이와 비슷한 경험을 할 때가 있다. 몸이 한없이 무거워지게 만드는 음악이 있는가 하면, 날아갈 듯이 가볍게 만드는 음악도 있다. 심장에 충격을 주면서 뛰고 싶게 만드는 음악이 있는가 하면, 어지럽게 만드는 음악도 있다. 또 진공 상태에 놓인 듯이 멍멍하게 만드는 그림이 있는가 하면, 웃음이나 구토처럼 격렬한 신체 반응을 일으키는 그림도 있다. 이처럼 예술이란 가만히 놓인 채 우리에게 구경되기를 기다리는 진열품이 아니라, 우리의 반응을 불러일으키는 하나의 힘이다. 그런 점에서, 예술가는 자신을 관통하는 힘을 표현하는 존재고, 예술품은 그런 힘들이 들끓는 용광로라고 할 수 있다. 그럼 관객은? 그런 힘들을 경험하고 때에 따라선 힘들을 발견하기도 하고 작동시키기도 하는 작동자라고 할 수 있을 것이다.

예술은 닮게 표현해야 한다는 의무감 같은 데 사로잡히지 않는다. 문제는 대상의 외형을 닮게 하는 것이 아니라, 대상의 힘을 포착하는 것. 그 힘을 포착하는 데 성공한다면, 전혀 닮지 않았지만 똑같은 느낌을 주는 캐리커처들처럼, 닮지 않은 것 속에서도 닮음이 솟아오를 것이다.

11월의 나무나 2월의 나무나 겉으로 보기엔 같다. 나뭇잎이 다 떨어진 채 앙상한 가지만 있을 뿐이니까. 하지만 11월의 나무는 겨울을 준비하는 나무인 반면, 2월의 나무는 봄을 준비하는 나무다. 즉, 11월의 나무는 몸을 바짝 움츠리고 겨울을 견뎌야 하지만 2월의 나무는 기지개를 켜고 봄을 호흡해야 하는 것. 예술은 그 차이를 볼 수 있는 능력이다. 2월의 나무에서 봄을 맞는 호흡과 커다란 몸짓을 볼 수 있다면, 거기서 싹을 틔우는 봄의 힘을 볼 수 있다면, 당신은 이미 예술가!

공감, 변신, 그리고 스타일

아래 시는 D. H. 로렌스의 「뱀」이라는 시 중 일부다. 분위기 잡고, 큰 소리로 낭송해보시길.

> 뱀 한 마리 내 물통에 왔다.
> 어느 무더운 날, 더워서 파자마만 입은 나도
> 물을 마시러 거기에 왔다.
> ……
> 그는 어두운 흙담의 구멍에서 나와
> 황갈색 부드러운 게으른 배를 끌고 돌 홈통까지 와서
> 홈통에서 물이 맑게 떨어지는
> 돌바닥에 모가지를 쉬더니
> 길게 찢어진 아가리로 물맛을 보고는
> 꼿꼿한 잇몸으로 부드럽게 물을 마셔 게으르고 긴 몸뚱이 속에 넣었다.
> 조용히.
> ……
> 내 안의 목소리가 말했다, 네가 인간이라면
> 몽둥이를 들어 당장 그를 쳐죽이라고.
> 그러나 고백하자면, 난 그놈이 정말 맘에 들었다.
> 손님처럼 조용히 내 홈통에 와서 물을 마시고는

만족해서 고마운 표정 하나 없이 평화롭게
대지의 불타는 창자 속으로 들어가버린 그 놈이.

자다가 물을 마시러 간 나는 뱀과 마주친다. 그러다 그만 뱀의 게으른 꿈틀거림, 혀의 낼름거림, 서늘하게 쏘아보는 눈빛에 매혹당하고 만다. 그 순간, 무언가가 내 안에서 꿈틀거리기 시작한다. 나는 뱀처럼 꿈틀거리며 땅을 기지도 혀를 낼름거리지도 않지만, 즉 뱀을 흉내 내지 않지만, 갑자기 뱀이 된 것처럼 몸이 차갑고 미끈거리는 걸 느낀다. 이 느낌은 뭘까? 내가 나 아닌 듯한 이 묘한 느낌은.

사랑하는 사람이 아플 때 그 아픔을 내 것으로 느끼는 것처럼, 어떤 것에 매혹당하면 그것처럼 느끼고 그것과 닮은 신체를 갖게 되는 경우가 종종 있다. 친구들끼리 얼굴이나 말투, 행동이 닮아가는 것도 이 때문이다. 평생을 침팬지와 함께 보낸 제인 구달이 침팬지의 소리와 동작에서 그들의 마음을 읽어내는 것처럼, 무언가와 공감하면 우리의 신체는 그것이 된다.

원시 부족의 어떤 의사들은 환자의 환부와 같은 부위에서 통증을 느끼는데, 이때 그들과 함께 아파하고 그들의 아픔이 낫기를 기원하는 것만으로도 환자의 병이 나을 때가 있다고 한다. 이건 단순한 미신도, 속임수도 아니다. 누군가가 내 아픔을 함께 느껴주는 것만으로도 얼마나 큰 위로가 되는지 경험해본 사람은 알 거다. 무당이 떠도는 망자의 혼을 불러내서 영혼을 치유해주는 행위 역시, 단지 그 망자와 '함께 느끼는 것'일 뿐이다.

그런 점에서 보면, 배우들이야말로 가장 뛰어난 예술가인지 모른다. 삼류 배우는 특정한 인물 유형을 단지 흉내낼 뿐이지만, 훌륭한 배우는 특정한 걸음걸이와 목소리, 표정, 몸짓을 통해 고유한 인물의 형상을 창조한다. 그래서 어떤 배우는 기껏해야 대사를 전달하고 스토리를 실어나르는 도구의 역할밖에 못하지만, 어떤 배우는 안개 같은 걸음을, 봄날의 햇살 같은 웃음을, 마른하늘의 날벼락 같은 놀라움을 표현한다. 결국 위대한 배우와 삼류 배우의 차이는 이 세계와 얼마나 더 공감하느냐에 달린 것.

글쓰기, 그림 그리기, 춤추기 같은 예술적 행위들은 모두 '함께 느낌'이나 '내가 나 아닌 것 되는' 과정 속에서 발생하는 것이고, 그런 '변환'을 체험한 자만이 뱀이 되어 시를 쓰고, 벌레가 되어 소설을 쓰고, 해바라기가 되어 그림을 그릴 수 있다. 그리고 그 공감의 과정에 진입할 때 생기는 독특한 리듬에 의해서 '스타일'이 만들어진다.

같은 사랑 얘기를 그려도 왕자웨이의 카메라가 포착한 속도와 리듬은 다른 감독의 그것과 다르다. 같은 전쟁을 묘사해도 스펙터클한 장면을 연출하는 스필버그의 카메라는 클린트 이스트우드의 사색적인 카메라와 다르다. 만화 컷 하나만 보고도 허영만의 만화인지 이현세의 만화인지를 단번에 구분할 수 있는 건, 그들의 선과 리듬에 의해 만들어진 '스타일'이 다르기 때문이다. 이처럼 스타일이란 변신과 리듬이 반복되면서 그려지는 작가들의 독특한 선이다.

예술적 능력이란 더 많은 것들과 공감하고 변신할 수 있는 능력 외에 무엇이랴. 클레의 말처럼, "그릴 준비가 되어 있지 않은 것들을 조급하게 그리는 것이 아니라, 뭔가가 되는 것"! 예술은 거기서 시작된다. 그러므로 언제든 만남을 준비하고, 변신 태세를 갖출 것! 자다 일어나 물을 마시러 갔다가 우연히 뱀을 마주친 시인처럼, 언제 어떻게 그 만남이 이루어질지는 아무도 모르는 일이니까.

보이지 않는 것을 보는 천리안

흔히 여러 가지가 어지럽게 얽혀 있는 무질서한 상태를 '카오스'라고 한다. 그래서 카오스는 질서에 반하는 무질서, 질서에 있는 무언가를 결여한 부정적인 것으로 여겨진다. 하지만 관점을 조금만 달리 해보면, 무질서란 질서가 없는 것이 아니라 '하나의 단일한 질서'가 없는 상태일 뿐이다. 위도 없고 아래도 없으며, 좌도 우도 없는 제로 디그리(zero degree). 카오스는 그렇게 여러 힘과 질서들을 잉태하고 있는 과잉 상태라고 할 수 있다.

 알은 겉으로 보기에는 평온해 보이지만, 사실상 그 표면은 그 알을 깨고 나오려는 힘들로 가득 차 있는 카오스 상태다. 그러다 어느 순간 특정한 조건이 되면, 알이 '탁'하고 깨지면서 새로운 세계가 탄생한다. 예술이란 알을 깨고 나온 새와 같은 것이 아닐까. 아니, 알을 깨고 새가 태어나는 바로 그 순간, 즉 알이 '탁'하고 깨지는 사건 자체가 아닐까.

 마그리트의 그림 속 화가(마그리트 자신)는 지금 새 한 마리를 그리고 있는 중이다. 그런데 이럴 수가! 화가가 새를 그리며 보고 있는 것은 앎이 아닌가. 이제야 알겠다. 「천리안」이라는 제목이 농담이 아니었음을. 앎으로부터 새를 보는 눈, 작은 씨앗으로부터 발아할 잎을 보는 눈, 그리고 봄이 오는 대지에서 움트는 새싹들을 보는 눈, 질서 속에서 꿈틀거리는 소용돌이를 보는 눈, 그것이 바로 예술가의 '천리안'이라는 것을. 아니, 그런 천리안을 가진 사람이 바로 예술가라는 것을! 마그리트의 천리안.

사람들의 눈은 두 개지만 세상을 보는 '눈'은 모두 다르다. 쇠라는 사물을 볼 때 사물의 표면에서 구성되는 색채의 관계를 보았다. 우리가 "저건 녹색의 풀밭이군" 하면서 지나칠 때, 쇠라는 거기서 녹색은 빨강을 통해 더 선명해진다는 것, 그 속에 파랑과 주황도 함께 섞여 있음을 보았다. 하나의 색에서 무수한 색들의 웅성거림을 보는 쇠라의 천리안.

우리의 삶 또한 색처럼 무수히 많은 관계들로 이루어져 있다. 하루 동안에도 우리가 얼마나 많은 사람들의 노동과 자연의 활동에 의지하는지를 생각해보라. 한 끼 식사에도 쌀과 채소를 경작하는 농부의 노동과 밥을 짓는 엄마의 노동, 태양과 물의 흐름, 대기의 순환 등등 헤아릴 수 없이 많은 활동이 담겨 있다. 그런 점에서 나의 삶 속에는 항상 다른 존재들의 다양한 삶이 포함되어 있고, 나는 언제나 모두와 '함께' 존재하는 것이다. 그런데도 우리는 종종 그 사실을 잊는다. 산을 부수고 길을 내거나 숲을 없애고 아파트를 세우면서 우리는 인간의 삶이 풍요로워지고 있다고 생각하지만, 바로 그 순간 산과 숲에서 살아가는 수많은 존재들은 삶의 터전을 잃게 되는 것이다.

사물의 표면에서 빛의 여러 결을 보았던 쇠라의 천리안처럼, 삶의 천리안은 자신의 풍요로움만이 아니라 우리의 삶을 지탱시켜주는 관계들을 보는 눈이고, 우리의 풍요로움이 다른 누군가의 삶을 빼앗을 수도 있다는 인과(因果)를 볼 수 있는 눈이다. 이런 천리안을 가진 자는 자신을 사랑함으로써 모든 존재를 사랑하게 되고, 모든 존재를 사랑하는 것이 자신이 살 수 있는 방법임을 안다. 예술가가 천리안을 가진 게 아니라, 천리안을 가진 자, 그가 바로 예술가다.

예술, 사랑에 미치다

이란의 영화감독 아바스 키아로스타미의 「클로즈업」이라는 영화에 등장하는 주인공 호세인은 자신이 존경하는 영화감독 모흐센 마흐말바프를 사칭한 실제 사기꾼이다. 그는 버스 안에서 만난 부잣집 부인에게 얼떨결에 자신을 마흐말바프라고 속이게 되고, 그 집을 방문해서 자신이 구상 중인 영화 시나리오를 설명하다가 가족들의 의심으로 붙들리게 된, 참 허무하기 짝이 없는 사기꾼이다.

어느 날 이 기이한 사기꾼에 관한 기사를 본 키아로스타미는 그를 찾아간다. '대체 왜 이런 어처구니없는 거짓말을 했을까'라는 호기심에서 그를 만난 키아로스타미는, 그와 얘기를 하면서 점점 그의 영화 사랑과 마흐말바프에 대한 그의 진심 어린 존경을 느끼게 되고, 급기야는 그의 꿈을 이뤄주기로 결심한다. 그를 주인공으로 해서 그의 가슴 찡한 사기 행각을 카메라에 담기로 한 것. 「클로즈업」에 등장하는 이 진짜 사기꾼은 자신의 우상인 '진짜' 마흐말바프를 만나게 되고, 그와 함께 자신이 속인 가족을 찾아가 진심으로 사과한다.

이 영화에는 여러 가지 사랑이 교차되고 있다. 사기꾼의 영화 사랑, 마흐말바프의 삶에 대한 사랑, 그리고 사기꾼의 진심에 대한 키아로스타미의 사랑……. 전혀 만날 수 없을 것 같은 사람들이 영화를 통해 만나고, 영화를 통해 용서를 구하고, 영화를 통해 새로운 삶을 살게 된다. 이보다 더 가슴 절절한 사랑 얘기가 또 있을까? 사랑이 어떻게 삶을 바꿀 수 있는지, 예술이 어떻게 삶을 사랑할 수 있는지를 이보다 더 감동적으로 보여줄 수 있을까? 뭐든 진심으로 사랑하면, 간절히 원하면, 이루어지는 법이다. 간절히 원하는 사람들은 가만히 기다리는 대신 끊임없이 무언가를 시도하기 때문이다.

1990년대에 이니고 망글라노-오바예가 기획한 '텔레-베신다리오 : 거리의 비디오 프로젝트'라는 공공 프로젝트는 시카고의 주민들과 함께 뒷골목 갱들의 문제에 관한 비디오를 제작했다. 프로젝트가 펼쳐진 웨스트타운은 매년 250명의 청년들이 사고로 목숨을 잃을 정도로 위험한 지역이었다. 이 프로젝트는 갱이 되거나 갱들에게 죽어갈 거리의 아이들을 데려다가 비디오 다큐멘터리를 제작하도록 지원했고, 완성된 작품은 그들이 사는 곳에서 주민들 전체의 참여 하에 전시되었다. 아이들은 총과 마약 대신 카메라를 들었으며, 그런 그들에게 죽음의 공포 대신 삶의 기쁨이 찾아왔다. 카메라는 그들에게 삶을 위한 무기가 되었다.

이 이야기들은 예술가와 예술에 관한 이야기가 아니라, 예술이 삶을 사랑하는 방식, 예술이 삶이 되는 방식에 관한 얘기들이다. 예술을 한다는 건 단지 무언가를 표현하기만 하는 게 아니라, 그 표현을 통해 다른 사람들에게 말을 걸고, 세상과 다른 방식으로 만나고, 삶을 변환시키는 행위다. 즐거운 예술은 세계를 담고, 사람의 마음을 움직이고, 병을 치유하고, 지긋지긋한 삶에 소용돌이를 일으킨다. 사랑이 소유가 아니라 다른 존재와 교감할 수 있는 능력이라면, '예술-하기'보다 더 지독한 사랑이 어디 있겠는가!

『잃어버린 시간을 찾아서』의 작가 프루스트는 사랑을 매우 흥미롭게 정의한다. 그에 따르면, 사랑이란 상대방이 방출하는 모든 기호에 예민하게 반응하는 것이다. 예를 들어, 아무 관심 없는 사람에 대해서는 그가 손으로 머리를 쓸어 올리든 얼굴을 감싸든 별다른 주의를 기울이지 않는다. 하지만 내가 사랑하는 사람이 손으로 얼굴을 감싸고 있는 걸 보면 머리가 복잡해지기 시작한다. 저 사람이 피곤한가, 일이 잘 안 됐나, 무슨 걱정이라도 있는 건가 등등 사랑하는 사람의 몸짓 하나가 우리의 해석 의지를 마구 자극하는 것이다. 그래서 사랑에 빠진 사람은 마치 이집트의 상형문자를 해독하는 문헌학자들처럼 사랑하는 이의 몸짓 하나, 말 한마디도 심혈을 기울여 해석한다. 뿐만 아니라 내가 사랑하고 있음을 표현하기 위해 갖가지 방법을 동원한다. 그래서 사랑에 빠진 사람은 언제나 부지런하다!

예술이란 세상과 사랑에 빠지는 것이다. 세상과 사랑에 빠진 예술가는 세상이 뿜어내는 기호들을 자기만의 방식으로 해석하고 표현한다. 화가는 세상이 뿜어내는 형태와 색채들에, 음악가는 세상의 소리들에, 무용가는 세상의 흔들리는 몸짓에 민감하게 반응한다. 다른 사람들이 그냥 지나쳐버릴 무의미한 형상 하나, 소리 하나, 몸짓 하나도 세상을 사랑하는 예술가의 눈에는 특별한 기호로 다가온다.

누구에게나 자신만이 알아차릴 수 있는 세상의 기호들이 있게 마련이다. 그 기호들을 해석하고 표현하고 싶은 욕망, 예술은 거기서부터 시작된다. 거창한 어딘가가 아니라 자신이 있는 바로 그 자리에서 세상과 사랑에 빠지기! 건강한 예술은 그렇게 삶을 사랑하는 법을 가르친다. 그러므로 예술을 사랑하는 방법은 삶을 사랑하는 방법만큼 많다. 삶과 사랑에 빠지는 것, 그것이야말로 가장 눈부신 예술이 아니고 무엇이랴.

물음표 - 예술 작품

오랜만에 찾은 미술관. 나름대로 이런저런 지식으로 무장을 했건만, 막상 예술 작품 앞에 섰을 때 온몸이 뻣뻣하게 굳는 것은 어쩔 수가 없다. 그림 속에 알아볼 수 있는 형상이라도 있으면 모를까, 도통 뭔지 알 수 없는 이미지들을 마주하면 어떻게 해석해야 할지 당혹스럽기 짝이 없다. 더군다나 색이나 선으로만 뒤덮인 추상적 화면에 제목까지 '무제'인 경우라면! 대략난감.

하지만 식별할 수 있는 형상은커녕 제목조차 없는 작품일지라도 다양한 해석이 가능한 건, 어떤 작품도 저 홀로 완성될 수 없기 때문이다. 물론 하나의 작품은 당연히 그것을 낳은 작가와 그것이 태어난 시대로부터 자유로울 수 없지만, 그것을 사랑하고 그것이 뿜어내는 기호를 포착하고 거기에 의미를 부여하는 관객이 없다면 작품은 작동할 수 없을 것이다. 시대가 작품의 아버지고, 작가가 작품의 어머니라면, 관객은 작품의 친구들이다. 우리의 삶을 풍요롭게 해주는 존재가 같은 시공간을 걸으면서 함께 고민하고 대화를 나누는 친구들이듯이, 작품의 삶을 흥미진진하게 만들어주는 것은 그것에 말 걸고 손을 건네는 친구로서의 관객이다.

반 고흐의「구두 한 켤레」를 보자. 우리가 이 그림에서 보는 것은 한 켤레의 낡은 구두에 불과하지만, 하이데거라는 철학자는 이 구두에서 "대지의 침묵하는 부름, 무르익은 곡식을 대지가 조용히 선사함, 빵을 안전하게 확보하는 데에 대한 불평 없는 근심, 궁핍을 다시 넘어선 데에 대한 말 없는 기쁨"을 본다. 이처럼 하이데거라는 '친구'에 의해 반 고흐의 작은 구두는 세계 전체를 담게 된다. 작가가 아무리 작품의 의미를 이러쿵저러쿵 설명한다 해도, 관객이 거기서 의미를 읽어낼 수 없다면 별 소용없는 일. 사실이 그럴진대 작품 앞에서 '쫄' 필요가 조금도 없는 거다.

상징주의 시인으로 알려진 말라르메의 작품 중에『책』이라는 책이 있다. 그런데 이『책』은 보통 책들처럼 일정한 순서대로 묶여 있는 것이 아니라, 쪽수도 없이 낱장으로 이루어진 아주 이상한 책이다. 그래서 이 책을 읽으려면 독자 스스로 먼저 순서를 만들어야 한다. 그 결과, 이 이상한『책』은 읽을 때마다 매번 다른 책이 된다. 이 책을 쓴 것은 작가 말라르메지만, 이 책에 의미를 불어넣는 것은 매번 달라지는 독자들이다. 그래서 이 책의 구성과 의미는 무한하다. 골라 붙여 읽는 재미가 있는 책!

굳이 이런 이상한 책이 아니더라도, 독서의 즐거움은 책을 읽을 때마다 의미가 매번 달라진다는 데 있다. 책의 의미가 작가에 의해 미리 규정되어 있다면 독서의 즐거움이란 거기서 거기일 테지만, 모든 책은 독자에 따라 달리 해석되고 그렇게 다양한 해석을 가능하게 하는 책일수록 오래오래 살아남아 우리를 웃게 하고 울게 하고 감동시킨다.

그림 역시 마찬가지다. 각 시대마다 그림 일반을 관통하는 규칙들이 있게 마련이지만, 그 규칙이 작품의 의미를 확정하는 건 아니다. 작품은 시대마다 다른 관객들에 의해 다르게 해석되고, 그럼으로써 영원히 살아가게 된다. 이처럼 하나의 작품은 늘 미완성인 채로 우리를 향해 열려 있다. 그것을 완성하는 것은 작품을 마주하고, 거기에 대해 질문하고, 그것에 가치를 부여하는 관객이다. 로베르 브레송의 표현을 빌리자면, 작품은 관객에 의한 그 '완성의 순간'을 위해 항시 겸허하게 기다리고 있는 존재다.

예술이 재미없게 느껴지거나 예술이 특별한 행위라고 느껴지는 건, 작품을 작가가 창조해낸 완성품으로 생각하기 때문이다. 작품 앞에서 작가가 숨겨놓은 주제를 찾아야 한다면 예술 작품을 보는 일은 시험지를 받은 것처럼 암담하게만 느껴질 거다. 또 우리가 하는 모든 행위에 반드시 어떤 의도를 담아야 한다면, 할 수 있는 것보다는 할 수 없는 일이 훨씬 많아질 게 틀림없다. 우리가 하는 행위들 대부분은 '그냥' 하는 거다. 목적도 없고 이유도 없이, 그냥 좋아서, 그냥 하고 싶어서. 그런데 그걸 보는 사람에 따라서 같은 행위가 좋게 해석되기도 하고 나쁘게 해석되기도 한다. 그냥 쳐다봤을 뿐인데 때론 반항이 되고 때론 추파가 되듯이. 그러니 이제 예술 작품 앞에서 좀더 당당해져도 좋다.

예술가는 해답이 아니라 문제를 던지는 존재이고, 하나의 작품이란 관객 앞에 던져진 커다란 물음표다. 그리고 관객은 그 물음을 흥미롭게 받아들고는 이리저리 추리해보고 의심해보는 일종의 탐정이다. 탐정이 사건 속으로 촉수를 발사하듯이, 작품 속으로 뛰어들어라! 자신만의 직관과 추리력으로 사건을 풀어가는 명탐정 홈즈처럼 작품이라는 사건에 뛰어들어 느끼고 해석하라!

다만 한 가지, 느낌이란 게 아무 준비도 없이 그냥 생겨나는 건 아니다. 아무리 훌륭한 스승이라도 가르침을 받아들일 준비가 된 제자에게만 가르침을 줄 수 있듯이, 제 아무리 훌륭한 작품이라도 새로운 시각과 감각을 향해 마음을 열 준비가 된 관객을 만나지 못하면 새롭게 의미화될 수 없는 법이다. 그러므로 물음표를 채우기 위해 우리는 끊임없이 여기저기를 기웃거리면서 배우지 않으면 안 된다. 여러 해석들과 세상에 대한 여러 관점들, 다양한 지각 방식과 감수성들을 풍부하게 받아들일 수 있는 '열린 신체'만이 낯선 느낌들과 접속할 수 있다는 사실을 기억하자!

이제, 예술을 떠나자

프랑스의 영화감독 장 뤽 고다르는 영화에 관한 세 개의 질문을 던진다.

첫째, 영화는 무엇인가?
둘째, 영화는 무엇을 욕망하는가?
셋째, 영화는 무엇을 할 수 있는가?

그리고 답한다. 영화는 아무것도 아니라고(첫번째 답), 하지만 영화는 모든 것을 욕망한다고(두번째 답), 때문에 영화는 뭔가를 할 수 있다고(세번째 답).

이 세 개의 질문과 답은 비단 영화뿐 아니라 모든 예술에 대해, 또 우리 자신에 대해서도 얼마든지 적용될 수 있다. 우리는 뭔가를 알고자 할 때 흔히 첫번째 방식으로 질문을 던진다. 하지만 고심 끝에 단어들을 고르고 골라 '이것은 무엇이다'라고 정의하더라도, 그 순간 의미는 모래알처럼 새 나가고 만다. 예컨대, '나는 누구이다'라는 정의가 과연 '나'를 설명해줄 수 있을까? 먹는 나, 공부하는 나, 아빠와 엄마의 자식으로서의 나, 누군가의 친구로서의 나…… 그것이 나일까? 혹은 내 소유물, 내 지위, 내 직업, 그게 나일까? 이런 것들이 나를 설명해주는 일부일 수는 있지만, 이 모든 것을 합해도 그게 '나'는 아니다. 답, 없음.

답이 안 나올 때 그 상황을 벗어날 수 있는 길은, 질문 자체를 의심하고 비트는 것이다. 앞서 말했듯이, '이것은 무엇인가'라는 질문은 언제나 변치 않는 실체를 전제한다. 그러니 질문을 바꾸자. '그것이 무엇을 욕망하는가'라고. 욕망한다는 것은 살아 있음의 증거다. 우리는 뭔가가 '부족'하기 때문에 욕망하는 것이 아니라 살아 있기 때문에 욕망한다. 산다는 것은 끊임없이 욕망하는 것이다. 무엇을? 살아 있음을!

바로 여기서 '그렇다면 그것은 무엇을 할 수 있는가'라는 세번째 질문이 비롯된다. 살고자 하는 이상, 우리는 뭔가를 할 수 있다. 사람마다 차이는 있지만, 우리 모두는 뭔가를 할 수 있는 능력을 가지고 있다. 우리가 다른 사람들에게 기쁨을 준다면, 또 슬픔과 분노를 준다면, 그건 우리가 이러저러한 존재이기 때문이 아니라 우리가 그들에게 뭔가를 '하고 있기' 때문이다. 나는 내가 하고 있는 바로 그것이다!

예술이 오랜 세월 동안 살아남을 수 있는 것도 그 안에 무언가가 꿈틀거리기 때문이고, 그것이 우리에게 무언가를 '하고' 있기 때문이다. 그 꿈틀거리는 욕망이 또다시 우리로 하여금 다른 어떤 것을 욕망하게 하고 사유하도록 하기 때문이다. 꿈틀거리는 예술은 주변을 장식하는 장식물이기를 거부하고, 우리에게로 성큼성큼 걸어와 귀찮도록 많은 질문을 쏟아 붓는다. 우리가 답이라고 알고 있는 것에 의문을 던지고, 우리의 굳어버린 감각을 마구 뒤흔들고, 우리의 눈과 귀를 멀게 한 후에 새로운 눈과 귀를 선사해주기도 한다. 그리고 우리가 '진리'라고 알고 있는 이 세계에 끊임없이 틈을 낸다. 그러면서 이제 우리가 뭔가를 만들어내야 할 차례라고, 그러니 작품 앞에 게으르게 서 있지 말고 작품의 틈을 열어젖히고 새로운 세계로 나아가라고 등을 떠민다.

건강한 예술은 관객을 만나면 틀림없이 사건을 일으킨다. 우리를 제자리에 서서 구경하게 하는 게 아니라 움직이게 만든다.

장 팅겔리는 길거리에 나뒹구는 폐물들을 주워다가 그것들을 힘들게 조립한다. 그러고 나서 장난스럽게도 자신의 '작품' 앞에 "제발 만지시오!"라는 푯말을 붙여놓는다. 이건 제스처가 아니라 진심이다. 그는 '진심으로' 관객들이 자신의 작품을 '제발 만져주기를', 움직이게 해주기를 바란다. 그의 움직이는 기계 작품들은 관객에 의해 고장남으로써 작동하기 시작하며, 고장난 채로 삐걱거리다가 폭발함으로써 완성된다. 죽은 듯이 벽에 고정된 채 영원히 살아남기를 원하는 대신, 차라리 끊임없이 소음을 내면서 움직이다가 사라지기를 원하는 것이다. 그렇다, 살아 있다는 것은 소음을 내면서 움직이는 것이다!

티베트의 승려들은 아름다운 색색의 모래들로 찬란한 이미지를 만들어낸다. 모래알은 쉽게 흩어질 수 있기 때문에 그만큼 심혈을 기울여 정교하게 작업해야 비로소 하나의 이미지가 완성될 수 있다. 그러나 세상에 이런 일이! 그렇게 힘들여 작업을 하고 난 다음, 그 이미지를 단번에 지워버리거나 물에 흘려보내는 게 아닌가.

예술이라기보다는 제의적 행위에 가까운 이 작품을 완성하는 것은 마지막 한 획이 아니라 마지막 순간 지워버리는 행위다. 중요한 것은 눈에 보이는 색색의 이미지가 아니라 이미지 '너머'에 있는 세계이기 때문이다. 삶과 마찬가지로 예술 역시 결과가 아니라 과정이라는 걸 이보다 더 잘 보여주는 예술이 또 있을까?

예술을 탐사하는 긴 여정의 끝에서 우리를 기다리는 건 이별이다. 예술을 만나려거든 예술을 떠나라는, 예술의 작별인사. 예술을 떠나면 도처에 예술이 있음을 알게 된다. 예술이란 정해진 뭔가가 아니라 예술이 할 수 있는 바로 그것이라는 사실, 예술을 떠남과 동시에 어디에서든 예술을 할 수 있다는 사실을.

새로운 맛을 만들어내는 요리사도, 못 하나 사용하지 않고 멋진 가구와 집을 만드는 목수도, 더 편하고 멋진 옷을 만드는 디자이너도 모두가 예술가다. 이뿐인가. 세상을 보는 새로운 개념을 만드는 철학자도, 세상을 바꾸기 위해 불의와 싸우는 투사도, 갯벌과 숲 속의 생명체를 지키기 위해 단식하는 신부님과 스님도, 그리고 더 많은 사람들과 더 행복해지기 위해 열심히 공부하는 학자들도 모두 예술가다. 아니, 이들이야말로 예술가보다도 더 멋진 예술가들임에 틀림없다. 이들의 삶이야말로 우리에게 새로운 삶의 가치와 비전을 선물해주기 때문이다. 이들이야말로 보통 사람들이 보려 하지 않는 것을 보고, 보이지 않는 것을 보면서 쉼 없이 자신의 경계를 넘는 사람들이기 때문이다.

우리 곁에서 예술이 움직이고 소리내도록 만들기. 세상의 기호들이 내는 소리에 귀 기울이고, 의미를 생산하고, 고장내고, 지워버리기. 우리 스스로 다른 가치와 다른 감각, 다른 리듬, 다른 차원을 만들기. 그럴 수 있다면 예술은 사치품이 아니라 삶을 위한 지혜로서 새롭게 작동하리라.

    진정한 천재가 우리들 위가 아니라 우리들 '사이'에 있었던 것처럼, 진정한 예술은 삶 밖에 있는 것이 아니라 삶 속에 있다. 예술이란 삶 속에서 계속되는 실험이고, 예술가란 실패하면서도 끊임없이 실험하는 자다. 그러니 이제 예술을 떠나자. 즐거운 예술을 여행하면서 예술 작품이 던지는 질문들에 고개를 끄덕였다면, 이제 우리가 새로운 질문을 던질 차례다.

    신들은 질문하면서 걷는다네. 절대로 멈추지 않지. 결코 어딘가로 이르지도 않고, 결코 어딘가를 떠나지도 않지. …… 정지된 상태로 머물지 않기 위해서, 그때부터 진실한 남녀들은 걷기 위해 질문을 한다네.
    ―마르코스, 『마르코스와 안토니오 할아버지』에서

    걸으면서 질문하기. 우리의 새로운 예술을 만들기. 그렇게 예술가-되기!

공감과 질문, 예술 '하기'

먹고 살기 팍팍한 시대다. 이제 막 중학생이 된 조카 녀석은 밤 10시가 넘어서야 학원수업을 마치고 집으로 귀가한다. 뭘 그렇게까지 열심히 하느냐고 묻는 내 말에, '그래야 나중에 먹고 살지'라는 대답이 돌아온다. 그런가 하면, 대학 졸업을 한 학기 남겨둔 20대 청년은 '차라리 고3 때가 좋았다'고 투덜거린다. 고3 때는 그나마 성적에 맞춰 갈 수 있는 대학이라도 있었다고. 요즘 대학생은 '취업'을 앞둔 또 다른 고3이다. 고3보다 훨씬 막막하고 암담한. 그런데 진짜 문제는, 여기가 끝이 아니라는 거다. 어찌어찌 취직을 했다 치자. 30대, 40대, 50대…… 사정은 점점 더 나빠지고 불안은 가중된다. 한마디로, 불안이 영혼을 잠식하는 시대다!

따지고 보면, 먹고 사는 일이 팍팍하지 않았던 시대가 단 한번이라도 있었던가. 그런데도 요즘 사람들이 더욱더 궁핍함을 느끼는 이유는 다른 데 있다. 소비자본주의는 인간의 모든 욕망을 '소유욕'으로 환원하는 경향이 있다. '내 꺼'가 아니면 향유할 수 없다. 소유가 존재다! 하여, 아무리 소유하고 소유해도, 소유할 수 없는 것이 있는 이상 초라하고 궁핍할 수밖에 없는 것. 그러나 소유된 새것들은 금세 낡은 것이 되어버린다. 한때는 그토록 갖고 싶었던 것들도 시간이 지나면 보잘것없어 보이게 마련이다. 소유하지 못함에 대한 허기와 소유가 주는 허무함 사이를 오가는 반복. 법정 스님의 『무소유』한 권쯤은 어떻게든 '소유'해두려는 것도, 어쩌면 그 허기와 허무의 반증이 아닐지.

이러한 시대에 예술이란 무엇인가, 무엇일 수 있는가. 아마도 가장 쉬운 답이 '힐링', '위로'이리라. 허무의 시대에 힐링의 예술이라…… 그럴 듯하다. 하지만 힐링을 구하는 이들에게 예술이 줄 수 있는 건 거의 없다. 우리는 힐링을 통해 무상함을 보상받고 자신의 존재감을 회복하려 하지만, 예술은 오히려 그 무상함과의 정면대결, '자아'라는 존재에 대한 선전포고이기 때문이다.

예술은 기본적으로 감수성과 감각을 발생시킨다. 감수성이란 무엇인가. 그것은 말 그대로, 세상과 공감하고 타자를 받아들이는 능력이다. 우리는 입이 닳도록 '공감'을 말하지만 공감이란 내가 느끼고 싶은 것을 타인에게서 발견하는 게 아니라, 내 중심을 잃고 타자에게로 이끌릴 때 형성되는 무엇이다. 예컨대, 반 고흐가 나무 하나를 그리기 위해 기꺼이 땅을 기고, 나무와 함께 비를 맞고, 나무가 자신에게 '세상 어디에도 없는' 모습을 드러낼 때까지 기다리고 또 기다렸던 것처럼, 내 것을 버리고 낯선 타자와 접속하는 능력, 그게 '공감'이다. 이처럼 공감은 자신을 '떠나' 타자에게로 '가는' 지난(至難)한 여정을 내포한다. 단언컨대, '자아'로부터의 떠남과 '자의식'의 해체를 전제하지 않는 예술은 없다.

감각은 그 공감의 과정에서 발생한다. 즉 감각은 외부와 접속한 나 자신의 '변이'를 증명한다. 이렇게 상상해보면 어떨까. 인간의 신체와 정신(마음)은 씨줄과 날줄로 촘촘하게 얽힌 악기와 같다. 걸을 때, 바람을 맞을 때, 햇볕을 쬘 때, 누군가를 만나 사랑하고 증오할 때, 원하고 원망할 때, 무언가를 보고 듣고 읽을 때, 매 순간 그 악기의 줄이 건드려진다. 줄 하나가 움직이면 나머지 부분이 함께 진동하면서 어떤 선율을 만들어낸다. 우리가 감각이라고 부르는 건 바로 그 선율이다. 언어의 빈곤함 때문에 우리는 그 오묘한 진동을 기껏해야 예쁘다, 아름답다, 쾌하다, 불쾌하다 등으로밖에 표현하지 못하지만, 사실 우리는 규정할 수 없는 진동으로서, 다이내믹한 선율로서 살아가고 있는 거다. 올해의 봄이 작년 '그 봄'이 아니듯, 우리의 진동과 선율도 매번 동일하지 않다. 느끼고 감각한다는 건, 존재의 무상(無常)에 대한 증거다. 소유하는 대신 느낄 때, 우리는 비로소 무상을 두려워하지 않고 직시할 수 있게 된다.

요컨대, 공감이란 자기 안에서 이질성을 생산하는 것 혹은 타자의 난입을 허용하는 것이고, 감각은 이 과정에서 파생되는 '또 다른 나들'의 실존이다. 이런 의미에서, 공감과 감각은 본질적으로 '소유'를 불허한다. 때문에, 느낌과 감각의 생산을 본질로 하는 예술은 세계에 대한 긍정인 동시에, 사회적 관습과 가치에 대한 저항이다.

초스피드의 시대가 되다 보니, 우리는 자신에 대해 질문하는 법을 잊어버렸다. '나는 누구인가'라는 이 밑도 끝도 없는 질문을 자꾸 피해가려 한다. 그러나 누구나 살다가 한번쯤은 이 질문에 부딪힐 수밖에 없다. 나는 누구인가. 그것은 결국 '나'를 이루는 것들에 대한 질문이다. 어떤 '나'도 단독으로 살아갈 수는 없기 때문이다. 혼자 있을 때조차 숨을 쉬는 한 혼자 살아가는 건 아니다. 나의 한 호흡에 참여하는 이 세계의 운동을 생각해보라! 최소한 산소가 있어야 하고, 그 산소를 만들어내는 물질들이 있어야 하고, 그 물질들을 구성하고 유지하는 또 다른 물질들이 있어야 하고…… 태어난 이상 그 누구도 '혼자 힘으로' 사는 게 아니다. 게다가 우리는 이 시공간 속의 언어들로 생각을 하고, 그 속에서 걷고 말하고 욕망한다. 생각하고 걷고 말하는 나, 욕망하고 느끼는 나를 빼면 대체 내가 '나'라고 부르는 게 뭐란 말인가. 하여, '나는 누구인가'라는 질문은 필연적으로 나와 함께 살아가는, 우주의 타자들에 대한 질문을 내포한다.

우리가 느끼고 감각할 때, 우리는 비로소 나를 이루는 그 타자들과 대면하게 된다. 무언가를 보고 끔찍하다고 느끼는 나, 황홀하다고 느끼는 나, 그건 사실 내가 아니라 내가 살아오면서 여러 경험들을 통해 내 몸과 마음에 새긴 타자의 흔적들이다. 그러므로 무언가를 느끼는 순간, 그때가 바로 질문이 시작되어야 할 타이밍이다. 왜 나는 저것을 저런 식으로 느끼는가? 왜 다른 방식이 아니라 저런 식으로?

난 사람들이 모두 '예술작품'을 즐겨야 한다고 생각하지 않는다. 하지만 많은 사람들이 예술로부터 '예술적인 것'을 배우기를, 자신의 삶에서 '예술적인 것'을 생산해낼 수 있기를 바란다. 예술적인 것이란 무엇인가. 그것이 바로, 앞에서 말한 공감과 질문이다. 공감이 자기를 비우고 타자에게로 가는 운동이라면, 질문은 자신의 관성을 스톱시키고 호흡을 고르는 능력이다. 멈추고, 느끼기! 모름지기 예술의 출발점은 이 두 가지다.

'아는 만큼 보인다'는 게 정설이 되었다. 그러나 이 말은 '아는 만큼밖에 보이지 않는다'로 정정되어야 한다. 우리는 모든 것을 보는 게 아니다. 모든 것을 똑같이 보는 것도 아니다. 경험의 스펙트럼에 따라, 관점에 따라, 앎의 질에 따라, '보고 싶은 것'과 '볼 수 있는 것'만을 본다. 청각과 촉각 역시 마찬가지다.

예술은 '앎의 영역'에서 시작하는 것이 아니라 그것을 의문시하는 하는 데서, 즉 앎의 확실성으로부터 슬쩍 비껴난 자리에서 시작한다. 인간의 유용성에서 비껴난 자리, 사회에 통용되는 가치의 이분법을 의문시하는 자리, 나 자신의 오롯한 욕망이라고 철썩 같이 믿었던 것을 회의하는 자리에서. 예술이 세상과 불화한다면, 그건 예술이 특별한 것이거나 세상의 잉여물이어서가 아니라 세상의 모든 가치를 한번쯤 의심하기 때문이다. 확실한 앎이 아니라 모호한 공감을 선호하기 때문이다.

예술이 아폴론적인 질서보다는 디오니소스적인 무질서와 연결되는 것도 이러한 맥락에서다. 고대의 디오니소스적 축제는 기존의 사회적 위계와 이분법적 가치체계를 무화시키는 '망아(忘我)의 유희'였다. 관념, 습관, 감정 등을 소유한 주체로서의 '자기'를 버리는 순간, 모든 것을 다시 생각하고 새롭게 느낄 수 있는 가능성이 열린다. 그 가능성의 영역에서 시작되는 모든 활동을 나는 '예술'이라 명명하고 싶다.

티베트의 스님들은 일정한 기간에 '모래 만다라'를 제작하는 의식을 치른다. 커다란 판에 만다라를 그린 후 고운 색모래를 채워넣는, 단 한순간의 실수도 불허하는 고도의 정신집중을 요하는 작업이다. 그런데 이렇게 정성들여 완성한 만다라를 일순간에 쓸어버리는 것이 이 의식의 끝이다. 아니 대체 왜? 중요한 건 '매 순간' 마음을 다하는 과정이지 완성된 무엇이 아니기 때문이다. 나는 거기에 예술적인 모든 것이 다 있다고 생각한다. 예술가는 '완성작'을 향해 나아가는 것이 아니며, '불후의 걸작'을 목표로 하는 것도 아니다. 예술가에게 중요한 건 오로지 '이 한 획'이다. 세계와 마주쳐서 몸과 마음의 줄이 울린 그 순간을 오롯하게 드러내는 '이 한 획'! 아, 물론 그런 한 획 한 획으로 이루어진 완성작이 걸작이란 법은 전혀 없다. 실제로, 대부분의 획은 실패다. 하지만 그건 중요치 않다. 무언가 진동했고, 이 진동을 내가 느꼈다는 것, 오로지 그것만이 중요하기 때문이다. 그 다음엔, 그 진동을 표현하기 위한 전투뿐이다. 자기가 알고 있는 것, 기존의 관습과 욕망과의 전투, 자신으로부터 떠나기 위한 전투!

반 고흐는 어느 날 일기에 이렇게 썼다.

위대한 일이란 그저 충동적으로 이루어지는 것이 아니라 연속되는 작은 일들이 하나로 연결되어서 이루어진다. 그림이란 게 뭐냐? 어떻게 해야 그림을 잘 그릴 수 있을까? 그건 우리가 느끼는 것과 우리가 할 수 있는 것 사이에 서 있는, 보이지 않는 철벽을 뚫는 것과 같다. 아무리 두드려도 부서지지 않는 그 벽을 어떻게 통과할 수 있을까? 내 생각에는 인내심을 갖고 삽질을 해서 그 벽 밑을 파내는 수밖에 없는 것 같다.(1882)

행복은 소유의 충만함이나 욕망의 충족이 가져다주는 결과가 아니다. 세계의 무상성 앞에서의 초연함, 낯선 타자들로 다가가는 용기, 기꺼이 한 줌의 자의식을 내려놓고 내 앞에 놓인 벽을 파내려가는 겸허함, 이 모든 '자기조형'의 과정이야말로 진정한 행복(well-being)이자 리얼한 '예술/기술'(art)인 것. 자, 우리 앞에 '인생'이라는 재료가 놓여 있다. 이걸로 '예술' 한번 해보시라.

예술, 우리들의 크고 단단한 웃음

원시미술
뉴아일랜드 원주민의 조상상(왼쪽 위)은 양성의 조각상으로, 의식의 클라이맥스 때가 되면 이 조각상들 앞에서 춤이 상연된다. 도곤족의 가면(오른쪽 위)은 그들과 친근한 영양 모양으로, 장례제전(아래) 때에 사용된다. 삶 속에 스며든 예술. 예술도 없고 예술가도 없지만 모두가 예술을 '하는' 곳. 예술의 가장 오래된 미래!

이집트 파라오 나르메르의 팔레트(B.C. 3100년경)
얼굴과 상체와 하체가 90도씩 꺾여진 부자연스러운 신체. 하지만 신체를 가장 완전하게 보여줄 수 있는 사실적인 묘사. 이게 바로 이집트적인 사실성이다. 많고 많은 사실성 중에서 이집트인들이 표현한 사실성. 자신의 눈으로 세상을 보라. 어떤 '사실들'이 포착되는가?

에셔, 「상대성」(1953년)
높은 곳과 낮은 곳, 안과 바깥, 앞과 뒤가 뒤섞인 공간. 한 화면에 함께 있을 수 없는 공간
들과 시점들이 공존한다. 빠져나올 수 없는 미로의 공간.

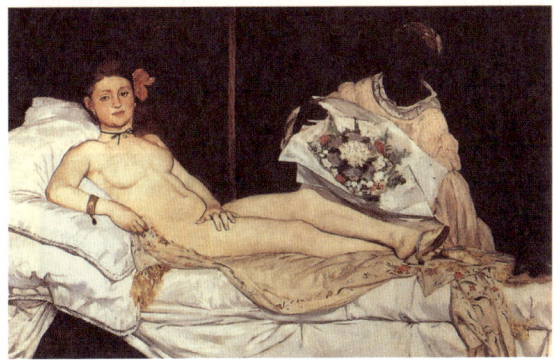

베첼리오 티치아노, 「우르비노의 비너스」(1538년/위)
에두아르 마네, 「올랭피아」(1863년/아래)

티치아노의 비너스를 보라! 풍만한 몸매와 우아한 자태, 그리고 저 수줍은 표정까지, 오, 아름다운 여인이여! 발치에 있는 강아지는 그녀의 순결과 신의를 의미한다. 그러나 마네의 올랭피아는 어떠한가? 아름다운 몸매는 비호감 몸매로, 수줍은 표정은 뻔뻔한 표정으로, 게다가 부패와 부정, 타락을 의미하는 고양이까지. 추하고 고약한 패러디!

알렉상드르 카바넬, 「비너스의 탄생」(1863년/위)
마네의 「올랭피아」에 대한 풍자화(아래)

마네의 「올랭피아」와 비교해보라. 조각 같은 몸매의 비너스와 어여쁜 천사들의 즐거운 한때. 하지만……어딘지 모르게 '야동적인' 저 포즈……. 마네의 「올랭피아」와 「비너스의 탄생」 중에서 어떤 작품이 더 '외설적'일까? 하지만 「올랭피아」에 대한 악의적인 풍자화(아래)를 보건대, 마네의 그림은 '악몽'이었음에 분명하다.

마사초, 「성삼위일체」(1427년경)와 투시도법 분석(왼쪽)
마린, 「석양산수도」(1254년/오른쪽)

마사초의 그림은 관람자의 자리에서 보면 관이 놓인 부분에서부터 성부가 놓인 곳까지 점차적으로 뒤로 물러나면서 깊이감이 형성된다. 2차원 화면 위에 구축된 3차원, 혹은 벽에 구멍을 뚫은 그림. 그에 비해 마린의 그림에는 있는 것이라고는 언덕과 제비 몇 마리뿐. 나머지는 모두 여백인 공간. 어디까지가 강이고 물인지, 어디서부터가 하늘인지 알 수 없지만, 여백 모두가 하늘이고 물이면서 동시에 강인 공간. 꽉 찬 여백!

반 고흐, 「코르드빌의 초가집」(1890년경)
나무는 강물처럼 굽이치고 집은 흔들거린다. 반 고흐가 표현하고 싶었던 건 나무와 집이 아니라, 나무와 집을 흔드는 바람이 아니었을까. 바람의 리듬을 탄 반 고흐, 그리고 그 리듬을 타는 우리. 예술은 새로운 리듬을 통해 우리에게 다른 세계를 선물한다.

에드바르 뭉크, 「사춘기」(1895년)
겁에 질린 듯한 소녀, 그리고 소녀 뒤의 그림자. 이 그림자는 소녀의 그림자일까, 소녀 마음의 그림자일까, 아니면…… 뭐가 될지 알 수 없는 소녀의 불안한 미래일까? 모호하고 떨리는 시절, 사춘기의 그림자는 아닐까?

쇠라, 「그랑자트 섬의 일요일 오후」 부분
멀리서 보면 그저 푸른 잔디. 하지만 그 푸름 속에 함축된 빛의 카오스를 보라. 주황, 연두, 초록, 빨강, 보라……. 우리가 보는 모든 질서와 안정은 찬란한 무질서와 불안정의 결과라는 걸 이보다 더 잘 보여줄 수 있을까?

「클로즈업」(1990년)의 한 장면(위)과
'텔레-베신다리오: 거리의 비디오 프로젝트'(1994년/아래)
삶이 거부당하는 곳에서 예술은 삶을 위해 싸운다. 총 대신 카메라를 쥐어줌으로써 삶을 회복하고, 카메라는 진심을 담음으로써 새로운 삶을 선물한다.
예술, 삶에 대한 지독한 사랑!

반 고흐, 「구두 한 켤레」(1886년)
이건 누구의 구두일까? 하루 종일 일하고 돌아온 아버지의 구두? 길거리에 누워 있는 노숙자의 구두? 세상을 유랑하는 나그네의 구두? 이 구두 앞에서 여러분은 누구의 얼굴이 떠오르는가?

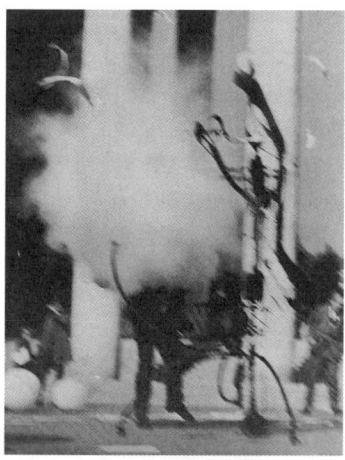

장 팅겔리, 「메타-매틱」 시리즈(1959년/위); 「뉴욕 찬가」(1960년/아래)
삐거덕거리며 작동하다가 고장나고, 끝내 폭파되는 기계들. 살 수도 감상할 수도 없는, 작동하는 동안에만, 작동함으로써만 존재하는 동사-예술.

모래 만다라 작업 중인 승려들(위)과 허무는 승려(아래)
고운 모래로 이루어진 찬란한 색과 형태의 세계. 하지만 이 세계가 완성되는 건 그것이 쓸려 나갈 때이다. 승려가 행위하는 동안 존재하다가 사라짐으로써 완성되는 예술.

3

예술-하기,
아직 오지 않은 우리들의 예술

지가 베르토프의 영화 「카메라를 든 사나이」(1929)의 한 장면

군중 속의 카메라. 정확히 말하면, 흐름 속의 카메라. 예술은 그 흐름 속에서, 마주침 속에서, 삶 속에서 탄생한다. 예술은 삶의 리듬을 탄다.

예술가와 예술에 대한 규정들이 놓인 자리에 커다란 물음표 하나를 놓고 출발한 우리의 여정이 막바지에 이르렀다. 콜라병이 뭔지 알고 있는 우리에게 빈 콜라병은 무용지물일 뿐이지만, 그게 어떤 물건인지 모르는 부시맨들에게는 콜라병이 무기가 되기도 하고, 물을 뜨는 바가지가 되기도 하고, 신의 표식이 되기도 하듯이, 예술과 예술가에 대한 이미지를 지우고 나면 예술을 어떻게 사용하느냐는 실천의 문제만 남는다.

예술에 대한 정의가 예술적인 행위를 이끌어낸 게 아니라, 언제나 새로운 행위와 실천들이 예술을 새롭게 정의하곤 했다. 이제 우리의 새로운 행위와 실천이 미래의 예술을 정의하게 될 것이다. 배움이 늘 질문을 동반하듯이, 질문은 항상 행위를 동반한다. 무엇을 할 준비가 되어 있는 자들만이 질문하기 때문이다. 질문하자. 우리는 지금, 여기서, 누구와, 무엇을 할 것인가? 어떻게 지금 여기서 미래의 예술을 창조할 수 있을까?

예술-하기, 아직 오지 않은 우리들의 예술

나는 내 말을 마구간에서 끌어내 오라고 명했다. 하인이 내 말을 알아듣지 못했다. 나는 몸소 마구간으로 들어가 말에 안장을 얹고 올라탔다.
먼 데서 트럼펫 소리가 들려오기에 나는 하인에게 무슨 일이냐고 물었다. 그는 영문을 몰랐다. 그 소리조차 듣지 못했던 것이다. 대문에서 그가 나를 가로막으며 물었다. '어딜 가시나이까? 주인 나리.'
'모른다.' 내가 대답했다. '그냥 여기를 떠난다. 그냥 여기를 떠난다. 그냥 여기를 떠나 내처 간다. 그래야만 나의 목표에 다다를 수 있노라.'
'그렇다면 나리의 목표를 아시고 계시는 거지요?' 그가 물었다.
'그렇다.' 내가 대답했다. '내가 여기를 떠난다고 했으렷다. 그것이 나의 목표이니라.' '나리께서는 양식도 준비하지 않으셨는데요.' 그가 말했다.
'나에게는 그 따위 것은 필요 없다.' 내가 말했다. '여행이 워낙 길 터이니 도중에 무얼 얻지 못한다면, 나는 필경 굶어 죽고 말 것이다. 양식을 마련해 가봐야 양식이 이 몸을 구하지는 못하지. 실로 다행스러운 것은 이야말로 다시 없이 정말 굉장한 여행이란 것이다.'
──카프카, 「돌연한 출발」에서

돌연한 여행

많은 사람들이 여행을 좋아한다고 말하지만, 정작 여행을 '즐기는' 사람들은 드문 것 같다. 먹을 건 풍부한지, 잠자리는 편안한지, 시설은 잘 갖춰졌는지 등등, 떠나기 전부터 떠난 다음의 일을 걱정하고 준비하는 사람들은 전세계를 돌아다녔을지라도 '여행'을 했다고 할 수 없다. 낯선 곳에서 볼거리와 먹거리들을 즐기는 '관광'은 일상을 벗어난 잠깐의 '도피'나 '머무름'일 뿐 여행이 아니다. 여행이란 다른 공간의 진동을 경험함으로써 다른 감수성을 갖는 신체로 돌아오는 떠남이다. 그럴진대 여행이란 제자리에서도, 심지어 꿈속에서도 가능한 법.

여행은 떠남 자체를 목표로 '돌연하게' 떠날 때 시작된다. 모든 걸 갖추고 무겁게 시작했다가 가벼워져서 돌아오는 것이 아니라, 아무것도 없이 가볍게 출발했다가 다르게 되어 돌아오는 여행. 여행은 그 알 수 없는 길 위에서의 만남들에 대한 설렘을 간직한 채, 그냥, 여기를, 미련 없이, 떠나는 것이다.

아마도 여전히 의심하는 독자들이 있으리라. 예술은 어렵고, 예술가는 아무나 될 수 없는 거라고. 돈 때문에, 상황 때문에, 혹은 능력 때문에 하고 싶어도 할 수 없다고, 떠나고 싶어도 떠날 수 없다고. 하지만 우리가 지금까지 만난 건, 특정한 사람들만이 소유할 수 있는 예술이 아닌 일상적인 실천으로서의 예술, 그리고 새로운 삶의 가치를 창조하는 천재 아닌 천재들이 아니었던가. 우리의 목표는 예술과 예술가가 아니라 예술-하기, 예술가-되기였다는 사실을 잊지 마시길. 지금 여러분들의 자리에서 예술을 시작하시라.

'위대한' 예술가, 혹은 '위대한' 예술에 대해 말할 수 있다면, 그건 예술가의 여정이 우리의 감탄과 존경을 자아내기 때문이지 예술과 예술가가 원래 위대하거나 그들의 목표가 원대했기 때문이 아니다. 「돌연한 출발」의 주인공처럼, 위대한 예술가들은 어떤 '목표'를 이루기 위해 작업하지 않는다. 그들의 유일한 목표가 있다면, 예술-하기를 통해 예술을 떠나는 것이다. 어디에 이를지, 무엇을 얻을지 알지 못한 채로, 그저 떠나는 것이다. 무엇을? 자신의 한계를, 자신의 조건을, 자신이 당연하다고 믿고 있는 것을!

반 고흐는 살아 있는 동안 그림을 거의 팔지 못했기 때문에 늘 동생 테오에게 "물감 사게 돈 좀 주라"든지 "이번 달 생활비는 얼마나 줄 수 있니?"라며 아쉬운 소리를 해야 했다. 그뿐인가. 그는 애타게 친구를 그리워했지만 아무도, 심지어 가족들마저도 '미친 듯이' 자신의 일에 빠져드는 그를 사랑하지 않았다. 그림을 좀 볼 줄 안다는 사람들도 반 고흐의 그림에 대해선 시큰둥했으며, 그를 미친 사람으로밖엔 취급하지 않았다. 그런 사람들은 말한다. "넌 그림 때문에 인생을 망쳤어!", "사람답게 살려면 그깟 소용없는 일은 당장 집어치워!", "니 주제를 알아라, 니가 그림으로 성공할 수 있다고 생각하니?"라고.

하지만 반 고흐는 그림 그리는 일을 그만두지 않는다. 끝까지 그림을 삶의 무기로 움켜쥠으로써 그는 자신의 절망으로부터 떠난다. 그림을 그림으로써 자신의 광기를 떠나고, 사물을 바라보는 진부한 시각을 떠난다. 시작도 끝도 없이 떠나기를 반복하는 반 고흐의 여행, 또 세잔의 여행, 쇠라의 여행, 피카소의 여행……. 그리고 이제 시작될 우리들의 돌연한 여행!

동물원 옆 미술관

그다지 유쾌한 상상은 아니지만, 영화「혹성 탈출」에서처럼 다른 종족이 인간을 지배하는 세상이 온다면 어떨까? 예쁜 인간들을 애완동물로 가지고 놀고, 휴일이면 엄마 아빠와 '인간 동물원'을 구경하러 가고, 동물원에서 인간들이 좋아하는 과자 부스러기나 과일을 아무렇게나 던지고, 가만히 누워 잠 좀 자려면 나뭇가지로 쿡쿡 쑤셔대고, 하품이라도 하거나 피식 웃으면 손가락질하며 웃어대고……. 구경하는 자리가 아닌 구경되는 자리에 인간이 놓인 이런 상상을 하노라면, 인간으로 태어난 게 정말 행운이라는 생각이 들기도 한다. 이처럼 구경하는 자리가 아니라 구경당하는 동물들의 입장에서 생각해보면, 동물원이야말로 가장 반동물적이고 반자연적인 공간임을 알 수 있다.

'구경'은 보는 것을 대상화하는 행위다. 친한 친구가 겪는 기쁨이나 아픔을 '구경'하지 않듯이, 코끼리의 생태를 알고 코끼리와 친구가 된 사람이라면 코끼리를 구경하는 일 따위는 하지 않을 거다. 우리가 '구경꾼'이 되는 것은 대상으로부터 나를 분리시킬 때다. 구경꾼의 입장에서는 그다지 분노할 일도, 기뻐할 일도, 가슴 아파할 일도 없다. 보는 순간 잠깐 감정이 동요할 수는 있지만, 그게 자신의 능력이나 삶을 변화시키지는 못한다. 때문에 자연이든 동물이든 누군가의 삶이든, 무언가를 구경하는 입장에 선다는 건 아주 시시한 일이다. 구경당하는 입장에선 아주 불쾌하고 끔찍한 일일 테고.

그런데 사람들은 왜 동물원에 가는 걸까? 미술비평가 존 버거(John Berger)에 따르면, 이유는 간단하다. 책에서 본 동물들을 확인하기 위해서! 즉 사자가 정말 으르렁거리는지, 코끼리가 코로 음식을 받아먹는지, 기린 목이 진짜로 그렇게 긴지 등등을 확인하기 위해 간다는 거다. 하지만 막상 가서 보고 나면 시시하기 짝이 없게 마련인데, 그건 동물원에 갇힌 동물들은 책에 있는 야생의 동물들처럼 살고 있지 않기 때문이다.

어쩌면 미술관에 가는 이유도 이와 같지 않을까? 사람들이 미술관에 가는 이유는 대개 책에서 보거나 소문으로 들은 걸작들을 확인하기 위해서다. 하지만 동물원에 사는 동물들이 책에 나오는 야생의 삶을 재현할 수 없듯이, 미술관 벽에 걸린 미술 작품 역시 '내가 바로 그 걸작이야'라는 것 말고는 말해주는 바가 거의 없다. 그래서 책에서 본 동물을 확인하러 가는 일만큼이나 걸작을 확인하러 미술관에 가는 일은 따분하다. 예술은 예술-하기라고 했거늘, 동물들을 한곳에 모아놓고 구경하는 게 반동물적인 것처럼 예술품을 한곳에 모아놓고 감상하라는 건 어쩐지 좀 반(反)예술적이라는 생각이 안 드시는지.

서양에서 미술관이 등장한 것은 18세기 말경이었다. 그 유명한 루브르박물관이 개관한 게 1793년의 일이니까, 미술관의 역사는 기껏해야 200년이 조금 넘었을 뿐이다. 당시의 미술관은 지금처럼 질서정연한 형식을 갖춘 장소가 아니라 왕실과 귀족들의 유산을 보관하는 일종의 저장고였다. 단순하게 말하면, 돈 좀 있는 사람들이 사모은 각종 진귀한 물건들을 저장해두는 곳이 바로 '미술관'의 기원이었던 셈이다. 하지만 19세기가 되면서 왕족들의 이 사적(私的)인 공간은 일정한 질서를 갖춘 공적(公的) 공간으로 변모된다. 그와 동시에, 여기 모인 미술품은 지금처럼 시대나 주제에 따라 다시 배열됨으로써 그 자체로 하나의 역사가 된다. 원래는 귀족들의 개인적 취향을 반영하던 미술품들이 이제 거꾸로 다른 모든 미술의 규범이 되기 시작한 것이다. 다시 말해서, 걸작들이 미술관에 모셔진 게 아니라 미술관에 있는 게 걸작의 기준이 된 셈이다.

눈치 빠른 독자라면, "아하! 뒤샹의 질문이 이것이었구나!" 하면서 무릎을 칠 타임이다. 어떤 것도 '원래' 미술이었던 게 아니라 미술로 '만들어진' 거라는 말씀! 이제 미술은 교회나 궁정이 아니라 미술관에 보존되고, 사람들은 미술관을 걸어 다니면서 자유롭게 작품을 '구경'한다. 물론 여기엔 동물을 구경할 때의 우월감 대신 "저게 그렇게 대단한 거란 말이지!"라는 경탄이 있지만, '구경'이란 점에선 크게 다를 게 없다. 아무리 대단한 걸 보더라도 구경한 건 금세 잊혀지는 법이니까.

미술품은 본래 그것이 놓인 장소를 떠나서는 생각할 수 없다. 미켈란젤로의 벽화는 시스티나 성당에 있을 때 그 종교적 의미를 충분히 발산할 수 있고, 불상은 불교 사원에 놓일 때 자신의 기능을 완전히 수행할 수 있다. 하지만 박물관과 미술관은 사물을 원래의 맥락에서 떼어와서는 다른 기능을 제거한 채 감상용으로 만들어버린다. 예를 들어, 불당에 놓인 불상을 볼 때는 그 신체 비례나 재료에 상관없이 불상 자체가 가지고 있는 종교적 기능을 생각하지만, 미술관에 옮겨진 불상을 볼 때면 너나 할 것 없이 평론가가 되어 역사적 맥락과 양식을 논하려 든다. 제아무리 고려청자라 해도 그건 예술품이기 이전에 그릇이었다. 물이 새거나 음식을 담을 수 없는 고려청자라면 비취색이며 아름다운 선이 다 무슨 소용이겠는가. 하지만 일단 박물관에 모셔지면, 우리는 그것이 삶 속에서 숨 쉬고 작동하던 방식을 까맣게 잊은 채 '미적인' 시선에 그 의미를 가두려 든다. 동물원의 동물을 구경하면서 그들이 원래 살고 있던 곳을 까맣게 잊어버리듯이 말이다.

무언가를 구경하는 눈은 오로지 결과만을 본다. 기린이 어떤 기후를 좋아하고 어떤 음식을 좋아하는지, 어떤 경로를 통해 지금 이곳에 오게 되었는지를 보지 않고, 그냥 거기 존재하는 기린만을 본다. 마찬가지로 미술관을 찾은 사람들은 그 작품이 어떻게 만들어졌고, 그 과정에서 작가가 무슨 생각을 했고, 그걸 본 사람들은 또 무슨 생각을 했는지, 어떤 경로로 작품이 그곳에 들어오게 되었는지 등등의 과정은 생략한 채, 결과물로서의 작품만을 본다. 하지만 결과를 구경하는 사람들에게는 새로운 것이 보일 리 없다. 음, 저게 그거로군, 하며 연신 고개만 끄덕거릴 뿐.

예술에 대한 구경꾼이 아니라 예술과 친구가 된다는 건 뭘까? 멀뚱멀뚱 지켜보기만 해선 절대로 친구가 될 수 없는 법. 성큼성큼 다가가서 손 내밀고 말 걸 때, 남들이 다 아는 외모나 학력 같은 것 말고 자신만이 볼 수 있는 그의 매력을 낚아챌 때, 그때 비로소 서로의 마음이 열리면서 멋진 우정을 나누게 된다. 작품과 친구가 되는 것도 마찬가지다. 마음에 끌리는 친구를 만나면 이것저것 궁금증이 생기고, 여러 친구들을 통해 그에 관한 정보들을 수집하면서 하나씩 그를 알아가는 것처럼, 누군가가 걸작이라고 한 작품보다는 내게 말을 건네는 작품을 응시하고, 그 작품의 매력을 찾기 위해 열심히 주변을 서성거리시라. 그러다 보면, 어느 순간 그 작품과 두터운 우정을 나누게 되고, 그 첫 만남을 통해 또 다른 만남들이 끝없이 이어질 것이다.

앙드레 말로는 그런 만남들로 자신만의 '상상의 박물관'을 건설했다. 그게 어디에 있느냐고? 지금이라도 당장 맘만 먹으면 갈 수 있는 곳, 바로 책에! 거기에는 모두가 걸작이라고 하는 작품이 빠져 있는가 하면, 아무도 주목하지 않은 작품이 진열되기도 한다. 기둥도 천장도 없지만 생생하게 살아 있는 미술품으로 가득 찬 상상의 박물관. 질서도 걸작도 따로 없는 길 위의 미술관! 구경꾼이 아니라 친구가 되려고 한다면, 미술관은 내 마음에 있는 것. 누구나 지을 수 있는 책-미술관! 여러분도 하나씩 지어서 친구들을 초대해보시길.

실험-예술

우리는 흔히 과학은 '실재의 세계'를 밝혀내는 반면, 예술은 '상상의 세계'를 보여준다고 생각한다. 더 단순하게는, 과학은 객관적이고 예술은 주관적이라고 단칼에 정의해버린다. 하지만 르네상스 시대만

하더라도 예술가는 과학자와 구분되는 존재가 아니었다. "예술은 진실로 하나의 과학이다"라고 했던 레오나르도 다 빈치는 위험을 무릅써가면서 온갖 재료들을 탐구하고 실험했다. 알베르티의 그림에서 알 수 있듯이, 르네상스 시대의 회화학교는 단지 그림만 그리는 곳이 아니라 투시도법을 실험하고 시체를 해부하는 일종의 '연구소'였다. 또 쇠라나 칸딘스키는 마치 화학자와 같은 태도로 색을 분류하고 화합하는 실험을 거듭함으로써 자신들만의 색채 스펙트럼을 만들어냈다. 어디 이들뿐이겠는가. 모든 조각가와 악기 연주자 역시 재료와 음(音)을 가지고 실험을 거듭하지 않으면 새로운 형상이나 소리를 만들어낼 수 없다. 과학이 그러하듯, 모든 새로운 예술은 끊임없는 실험의 결과다.

실험은 용기 있는 자들의 행위다. 실패를 두려워하지 않고, 설령 실패하더라도 또다시 시작할 수 있어야만 실험에 돌입할 수 있기 때문이다. 실험은 결과보다는 과정을 즐길 수 있는 자들을 위한 것이고, 생각하는 동시에 행동을 개시하는 날쌘돌이들의 특징이다. 실험은 알고서 하는 것이 아니라 하면서 알아가는 것이다. 모델을 따르기보다는 새로운 변수들에 흥미를 느끼고, 기대한 결과보다는 예상치 못한 사건들에 더 환호하는 자들을 위한 것, 그게 바로 실험이다. 그런 점에서 예술은 실험이다. 아니, 실험은 예술이다. 실험이야말로 우리의 다양한 욕망과 실패, 용기, 질문을 통해 우리를 단단하게 만들어주기 때문이다.

자신의 꿈을 실현하기 위해 실험하고 실패하고, 또 실험하고 또 실패하고, 그래도 또 한 번 "다시 해보자!"라고 외치는 것. 그거야말로 세상에서 가장 진심 어린, 가장 아름다운 예술이 아닐까? 혼자 외롭게 목표를 향해 달리는 대신, 친구들과 함께 웃고 떠들며 걷다가 어느 순간 자신도 알지 못하는 세계에 이르는 것, 그거야말로 굉장한 예술이 아닐까? "니가 한번 해봐"라고 하는 대신 "나와 함께 한번 해보자"라고 말 건네는 것. 함께 실험하기, 함께 실패하기, 함께 웃기, 그리고 '한 번 더' 실험하기!

아무런 목표 없이 돌연하게 여행을 떠날 수 있는 자들에게는 삶 자체가 실험의 과정이다. 예상된 결과에 도달하기 위한 실험은 일체의 '변수'를 무시하는 따분한 반복일 뿐이지만, 결과를 열어둔 채 이루어지는 실험은 매번 달라지는 변수들을 통해 결과의 불확실성을 긍정한다. 이런 실험자들은 실험을 할 때마다 새롭게 생겨나는 질문들과 실패 후에 얻게 되는 지혜들에 기뻐할 뿐, 다른 사람들의 칭찬이나 비난에 크게 흔들리지 않는다. 칭찬받으려고 한 일이 아니거니와 비난 때문에 그만둘 일이었다면 시작하지도 않았을 것이기 때문이다. 그래서 실험을 하는 자들에게는 길 위의 장애물과 험한 날씨 등이 그저 사소한 불운일 뿐 실험을 중단시키는 절망적 상황이 되지는 못한다.

실험하는 자는 섣부른 기대나 절망에 사로잡히는 대신, 실험하는 순간 자체의 환희에 들뜨고 행복해한다. 남들이 모두 공식을 외워 세상을 설명하려 들 때, 그들은 직접 실험에 돌입함으로써 세상을 발견한다. 또 남들이 모두 "예!"라고 대답할 때, 그들은 "어?"라고 고개를 갸웃거리면서 실험을 준비한다. 우리의 '천재'들은 멈추지 않는 여행자요, 위대한 실험가다.

유쾌한 무례함

변기를 샘으로 둔갑시켰던 뒤샹은 세계적인 걸작이라는 「모나리자」를 가지고 또 한 번 장난을 친다. 그토록 아름다운 모나리자의 얼굴에다 콧수염이 웬말인가? 게다가 밑에 있는 알쏭달쏭한 제목은 불어로 발음하면 '그녀의 엉덩이는 뜨거워!'라는 뜻이 된다. 콧수염도 모자라 이런 불경스러운 제목까지, 이거 너무 막 나간 게 아닐까? 하지만 뒤샹은 그런 비난엔 별로 신경 쓰지 않는 듯하다. 오히려 이렇게 말하는 것 같다. "내 눈엔 웃고 있는 모나리자가 이렇게 보이는 것뿐이라구! 남들이 걸작이란다고 꼭 나까지 걸작으로 봐야 하는 건 아니잖아? 키득키득." 흠, 그러고 보니 그렇기도. 그나저나 이건 예술일까, 아닐까?

앤디 워홀은 이보다 한 술 더 뜬다. 그는 슈퍼에 가면 흔히 볼 수 있는 비누인 '브릴로'의 박스와 똑같은 박스를 만들어서 그걸 떡 하니 미술관 바닥에 전시해놓는가 하면, 코카콜라 병이나 마릴린 먼로의 사진을 가지고 실크스크린 작업을 반복한다. 미술관에 들어서는 순간 자동으로 무거워지는 교양인들은 심각한 표정으로 그 '작품'들을 감상하기 시작한다. 그 순간 워홀은 어디 있었을까? 어딘가에 숨어 가벼운 것조차 무겁게 만들어버리는 예술의 힘, 아니 교양의 힘을 비웃고 있지는 않았을까? 변기를 '샘'이라고 이름 붙여서 "이건 미술일까?"라고 물었던 뒤샹을 따라 이번엔 워홀이 묻는다. "그럼 이건? 이것도 미술일까?"

추상미술이 근엄한 얼굴로 미술관 벽면을 차지하고 있던 시대에 유치찬란하게 등장한 워홀은 도대체 고상함이라고는 모른다. 그는 가장 익숙한 대중문화의 이미지들을 가져와서는 '고급 예술'과 뒤범벅시켜 버린다. 단지 가장 대중적인 이미지들을 살짝 뒤틀었을 뿐인데, 그러자 가장 흔하고 대중적인 이미지가 낯설고 기이하게 보이면서 질문들이 쏟아진다.

워홀이 생각하기에 대중문화의 장점은 평등하다는 것이었다. "거지들도, 리즈 테일러도, 대통령도 똑같은 맛의 코카콜라를 마시는 판인데, 왜 예술은 고급한 것과 저급한 것을 구분해야 하지?"라는 게 워홀의 의문이었다. 워홀은 그만의 특유한 가벼움으로 그 모든 경계를 뛰어넘는다. 그는, 우리 시대의 예술가는 영감으로 작업하는 것이 아니라 주변에 가득찬 미디어의 이미지로부터 또 다른 이미지를 끄집어내는 이미지 '생산자'이며, 예술 작품은 창조물이 아니라 콜라와 다를 바 없는 '생산품'이라고 생각했다. 그래서 그는 자신의 작업실을 창조적 영감으로 가득찬 아틀리에가 아니라 시끄러운 기계 소음으로 가득 찬 '공장'이라고 부른다. 아프리카의 부시맨까지 알고 있는 코카콜라의 이미지처럼 예술품도 미디어를 통해 누구에게나 익숙해졌다. 돈만 있으면 살 수 있는 코카콜라처럼 우리 시대의 예술품도 돈만 있으면 살 수 있는 상품일 뿐이다. 그러니 무거운 척, 뭔가 거대한 진리를 담고 있는 척하지 말라는 것. 워홀의 가벼움은 그렇게 우리 시대의 예술이 지닌 무거운 문제를 슬쩍 건드린다.

뒤샹과 워홀의 가벼움은 그런 식으로 기존의 예술이 가진 무거움을 훌쩍 뛰어넘는다. 무거운 자들은 질문하지 않고, 웃지도 않는다. 어느 먼 곳에 진리가 있다고 생각하거나 자신이 답을 이미 안다고 생각하기 때문이다. 그래서 그들은 언제나 무겁다. 하지만 가벼운 자들은 기존의 것들을 뒤집어 생각해보고, 엉뚱한 질문들을 만들어내고, 거기서 웃음을 이끌어낸다. 그들에게 문제가 되는 것은 저기 멀리 가로막힌 벽이 아니라 지금 여기서 나를 괴롭히는 크고 작은 장애물들이다. 장애물을 넘기 위해 더 가벼워지기! '답'이라는 짐을 내려놓고 질문하며 뛰어오르기!

행동하는 자들만이 질문한다. 행동할 때만 장애물을 만나고, 장애물을 넘으려는 의지가 있을 때만 질문이 샘솟기 때문이다. 아이들에게 질문이 많은 것도 그들이 쉼 없이 움직이기 때문이다. 예술은 예술 전체를 물음표로 만드는 의심이고 질문이며, 제자리에 머무르지 못하는 일종의 분열증이다. 즐겁고 건강한 분열증!

실험실의 웃음소리

찰리 채플린의 영화 중에 「황금광시대」라는 영화가 있다. 때는 바야흐로 수많은 사람들이 금광을 찾아 헤매는 '황금광시대'. 찰리 역시 금광을 찾아 알래스카에 왔지만 눈사태를 만나 그만 오두막에 갇히는 신세가 된다. 이 영화에서 가장 슬프고도 웃긴 장면은, 찰리가 배고픈 나머지 자신의 닳아빠진 가죽구두를 삶아 먹는 장면이다. 구두끈을 스파게티처럼 훌훌 먹고, 구두밑창을 스테이크처럼 썰어 먹는 찰리. 밑창에 박힌 못을 마치 뼈다귀인 양 발라 먹는 천연덕스런 찰리를 보고 있노라면 포복절도할 지경이지만, 이내 가슴 한쪽이 뻐근해짐을 느끼게 된다. 유머란, 고통을 모르는 척하는 방관자들의 것이 아니라 고통을 꿰뚫어보지만 고통에 압도당하지 않고 천연덕스럽게 그걸 딛고 넘어가려는 자들의 표징이다.

제1차 세계대전의 먹구름이 유럽을 뒤덮었던 20세기 초에 등장한 다다이스트 그룹은 여러 부류의 예술가들이 모인 기이한 집단이었다. 그들의 이름 '다다'(Dada)가 특정한 의미 없이 다양하게 해석될 수 있는 단어라는 사실에서 짐작할 수 있듯이, 이 정체불명의 그룹은 예술의 심오한 진리를 믿는 고상한 예술가들이 아니었다. 심지어 이들은 예술가라는 이름 따위엔 관심조차 없었다.

그들은 자신의 아틀리에에서 심각하게 예술을 논하고 세상을 탄식하는 대신, 노래하고 시를 짓고 이미지를 찢어 붙이면서 권위를 조롱하고, 예술이라고 거들먹거리는 것들에 대해 침을 찍 뱉는다. 렘브란트와 세잔이 아무리 위대한 화가일지라도 그들의 위대함을 모방하는 원숭이가 되느니 차라리 다다다 옹알거리는 아이가 되겠다는 것, 그게 다다이스트의 선언이었다. 그들은 명령하는 두목보단 도망치는 건달이, 새로운 것의 창조자보단 전통이라는 이름의 낡은 쓰레기를 줍는 청소부가, 모든 걸 아는 척하면서 거드름 피우는 어른보

단 장난치고 도망가는 어린아이 같은 존재가 되기를 원했다.

다다이스트에게 예술이란 창조의 문제가 아니라 삶의 문제였다. 즉, 이들은 전통과 기존의 사회질서에 반하는 삶 그 자체를 예술이라고 생각하고, 그런 태도로 예술을 했던 사람들이다. 이들은 예술이라는 타이틀을 버리고 관습적인 사고방식과 전통적인 예술관을 뒤집어놓기를 즐긴 사람들이다. 그런 그들의 유일한 무기이자 표징은 웃음이었다. 쾌걸 조로가 지나간 자리에 남겨진 'Z'자의 흔적처럼, 사람들은 그들을 웃음소리로 기억할 뿐이다. 걸작이나 거창한 이론이 아니라 웃음으로.

이들은 우리에게 예술의 가벼움을 선물한다. 재능 같은 건 있어도 그만, 없어도 그만. 예술가가 되기 위해 필요한 건 언제든 도망칠 수 있는 순발력과 빠른 다리, 그리고 도망가면서 흘리는 웃음이다. 어떤 상황에서도 웃음을 만들어낼 수 있는 능력, 어쩌면 이거야말로 길 위의 예술가에게 요구되는 유일한 능력이 아닐까.

다다와 앤디 워홀은 무례하다. 기존의 권위에 대해 무례하고, 예술에 대해 무례하며, 예술가에 대해서도 무례하다. 하지만 그들의 무례함 속에는 새로운 예술과 예술가에 대한 즐거운 사유가 담겨 있다. 그 속에는 힘겨운 복종 대신 현실의 무거움을 넘어설 수 있는 전복적 웃음이 담겨 있다. 예술이란 거창한 그 무엇이 아니다. 지금 내가 서 있는 자리에서 물구나무서는 것, 당연하다고 믿는 사물의 가치와 기능을 뒤집어서 생각해보는 것, 심각한 표정으로 벽에 걸린 미술품을 감상하는 게 아니라 친구들과 무리지어 다니면서 새로운 표현을 만들어내는 것. 다다와 팝아트는 그거야말로 진짜 즐거운 예술이 아니겠느냐고 우리에게 질문한다.

그들의 웃음과 무례함을 배우자. 그 무례함으로 세상을 바라보면, 가장 작고 하찮은 것을 통해서도 웃음을 만들어낼 수 있을 거다. 기존의 사고방식에 '틈새'를 만들어내고 상식을 전복함으로써 웃음을 창조하는 개그맨들의 연습실처럼, 예술의 실험실에서는 늘 웃음이 새어나온다. 예술은 유머다!

액션으로서의 예술

미켈란젤로의 「천지창조」를 보면, 신이 아담과 손가락을 마주함으로써 자신의 창조 능력을 전수하는 듯하다. 어쩌면 미켈란젤로는 예술가란 신으로부터 재능을 부여받은 존재임을 은근히 자랑하고 싶었는지도 모른다. 창조하는 위대한 손!

하지만 어떤 작가들은 작품 속에서 '창조하는 손' 대신 '춤추는 몸'을 보여준다. 흔히 '액션 페인팅'(action painting)으로 잘 알려진 화가 잭슨 폴록은 캔버스를 세워 놓고 대강의 구도를 잡고 일정한 거리에서 작업을 하는 전통적인 작업 방식을 모두 버린다. 대신 그는 거대한 캔버스를 땅바닥에 눕혀놓은 채 그 위에 물감을 흩뿌리면서 이리저리 뛰어다닌다. 캔버스를 가득 채운 어지러운 물감의 흔적들은 위대한 정신이나 신적인 재능의 결과물이 아니라 쉼 없이 움직이는 살아 있는 몸, 즉 행위의 흔적들이다. 출발점도 도착점도 없는 그림, 대상도 화가도 없는 그림, 그저 무수한 액션의 흐름만이 있는 그림, 그런 점에서 그림이라기보다는 차라리 하나의 얼룩이라고 할 수 있는 그림, 그게 바로 잭슨 폴록의 '액션 페인팅'이다.

물론 이건 여전히 캔버스 위에 그려진 '작품'이다. 때문에 그것이 미술관으로 옮겨지는 순간, 그것은 다시 움직이는 액션이 아니라 고정된 사각형의 화면이 될 수밖에 없는 운명이다. 여기서 한 걸음 더 나아가볼까?

일회적인 어떤 사건을 일컬어 '해프닝'(happening)이라고 한다. 미술에도 '해프닝'이라는 것이 있다. 고정된 장소에 전시되기를 거부하고 현장에서 직접 벌어지는 사건으로 존재하는 미술, 그게 바로 해프닝이다. 1952년에 블랙마운틴 칼리지에서는 재미난 해프닝이 벌어졌다. 존 케이지가 주최한 이 해프닝에서, 존 케이지는 강연을 하고 누군가는 시를 암송하고 또 누군가는 이리저리 뛰어다니며 장난을 쳤다. 그리고? 그게 끝이었다! 허무하긴 하지만 '해프닝'이라는 미술은 미술관에 들어갈 수 없는 미술, 결과가 아니라 과정을 즐기는 미술이다. 미술관 밖의 미술, 과정으로서의 미술, 온몸으로 행하는 액션-미술, 사건으로서의 미술. 한마디로, 일어나고 있는 (happening) 미술!

퍼포먼스도 이와 유사하다. 플럭서스라는 그룹은 연주회에 사람들을 초청해놓고는 악기를 부수는 행위를 보여준다. 피아노의 건반이 만들어내는 소리만큼이나 피아노의 건반을 내려치는 망치 소리도 소리로서의 가치를 갖는다는 것, 그리고 창조하는 것뿐 아니라 파괴하는 것 또한 의미 있는 행위라는 것을 그들은 '온몸으로' 보여준다. 비슷한 행위를 두 번 반복할 수는 있지만 시공간의 조건까지 똑같이 반복되는 일은 일어나지 않는다. 그건 우리가 행위를 반복한다 해도 어제를 다시 살 수 없는 것과 같은 이치다. 해프닝과 퍼포먼스는 똑같은 행위를 하더라도 오직 한 번밖에 실행될 수 없다. 때문에 그것은 돈으로 살 수도, 소유할 수도, 미술관에 전시될 수도 없다. 그저 액션이 진행되는 동안에만, 액션으로만 존재할 뿐이다.

그런가 하면 아예 몸 자체를 캔버스로 만들어버리는 예술도 있다. 원시 부족들은 자신의 몸에 여러 기호들을 새긴다. 이것은 일종의 자유로운 의식(儀式)이다. 몸에다 색을 칠하고 기호를 새기면서 신체는 전과 다른 존재가 된다. 이러한 의식의 특징은 예술가와 감상자가 분리되어 있지 않다는 점이다. 우리 자신이 예술가이자 감상자고, 우리의 몸은 대상인 동시에 주체다. 의식에서 중요한 것은 의식이 행해지는 매 순간의 몸짓과 과정, 거기에 동반되는 분위기이다. 따라서 신체를 캔버스로 변환시키는 이 '의식'이야말로 '액션'에 살고 '액션'에 죽는 액션-미술이라 할 만하다. 그리고 지우고, 또 그리고 또 지우는 과정의 반복을 통해 신체를 끊임없이 변모시키는 액션-예술.

액션을 하는 자들의 몸은 가볍다. 언제든 떠날 수 있도록 최소한의 것 외에는 소유하지 않는 유목민들처럼, 끊임없이 움직이는 자들은 짐을 짊어지지 않기 때문이다. 그들은 어떤 권위나 명령에 의존하는 대신 자신의 신체를, 그 신체의 가벼움을 믿는다. 그들의 신체 변환 능력은 대단히 뛰어나서, 인도의 요가 수련자처럼 우리가 상상할 수 없는 자세를 자유자재로 취하기도 한다.

몸이 가벼운 자들은 잘 웃는다. 웃음은 뒤집어 생각할 줄 아는 자들, 놀이를 즐길 줄 아는 자들의 특징이다. 그들은 중력의 법칙에 눌리지 않고 물구나무로 걷기도 하고, 자신의 몸을 변형시켜가면서 세상을 바라보기 때문에 늘 새로운 것을 본다. 그래서 항상 웃는다.

여러 친구들을 만나 자신에게 없는 것을 게걸스럽게 배우고, 자신이 가진 것을 신나게 가르쳐주면서, 예술은 그렇게 온몸으로 하는 것이다. 그럴 때 예술은 일상적인 삶의 바깥에서 이뤄지는 예외적 행위가 아니라 일상 속에서 이뤄지는 구체적 삶의 실천이 된다. 그러니 나의 신체야말로 가장 강력한 예술의 도구다. 우리의 행위야말로 특정한 장소에 갇힐 수 없을 만큼 거대하고, 가치를 매길 수 없을 만큼 변화무쌍하며, 언제 어디서나 자유롭게 만들어낼 수 있는 가장 즐거운 예술인 것이다. 그러니 움츠리거나 서 있지 말고, 친구들을 만들고 할 수 있는 것을 하면서 자신을 실험하라. 예술은 액션이다!

온몸으로 일상에 돌진하다

특별한 영감에 의한 창조나 의식적 행위만이 예술이 될 수 있는 게 아니라면, 의미 없는 몸짓이나 일회적인 행위가 특정한 맥락 속에서는 예술이 될 수도 있다면, 예술의 개념을 확장시켜 우리의 온몸을 재료로 이용해보는 건 어떨까? 그렇게 본다면 온몸으로 하는 예술이란,

결국 매일의 일상을 새롭게 살아가는 우리의 몸짓 자체가 아닐까?

요즘도 심심치 않게 오토바이 폭주족들의 행태가 미디어에 오르내리곤 한다. 야심한 시간에 오토바이를 부르릉거리며 도로를 질주하는 사람들을 보다가 문득 100여 년 전의 미래주의자들이 떠올랐다. 미래주의자들은 20세기 초반의 기계문명을 예찬한 전위예술(avant-guard) 그룹으로, 그들은 기계와 속도에서 인류의 미래를 보았다. 아니, 자신들의 미래를 기계와 속도 속에 던졌다고 하는 편이 더 맞을지 모르겠다. 그들의 선언문을 한 대목만 봐도, 이게 무슨 말인지 '필'이 오는 바가 있을 거다.

"우리는 위험에 대한 사랑, 에너지와 무모함에 대한 습관을 노래하고자 한다."
"폭발하는 바람을 내뿜어낼 용도로 뱀처럼 만들어진 우람한 배기통이 부착된 보닛을 가진 경주용 자동차……. 기관총 위를 달리는 듯이 붕붕 소리를 내는 자동차는 사모트라케의 「승리의 여신상」보다도 아름답다."
"우리는 세상의 유일한 위생 대책인 전쟁, 군사주의, 애국심, 해방자들의 파괴적 행동, 목숨을 바쳐도 아깝지 않은 아름다운 관념들, 여성에 대한 경멸을 찬양하고자 한다."
─ 마리네티, 「미래주의 선언」에서

어떤가? 이들의 '질주 본능'이 느껴지지 않는가? 선언문에 나타난 대로 미래주의자들에게 최고의 미(美)는 '속도'다. 그들은 속도가 있는 곳이면 어디든 달려간다. 심지어는 한순간에 생사가 결정되는 전쟁터야말로 속도가 지배하는 미적 공간이라고 생각했다.

여기서 나는 우리 시대 폭주족의 모습을 본다. 폭주족들도 그렇게 말한다. 오토바이를 타고 달리면 신난다고, 표현할 수 없는 자유와 해방감을 느낀다고 말이다. 자신의 폭주를 방해하는 것들을 거침없이 파괴하면서 그들은 죽음을 불사하고 속도에 빠져든다. 아마도 그들은 그들 나름대로 폭주야말로 세상에서 가장 예술적이라고 생각할지도 모르겠다. 20세기 초 유럽의 미래주의자들과 21세기 초 대한민국의 폭주족들. 시간과 공간상의 거리에도 불구하고 그 둘은 묘하게 닮아 있지 않은가?

물론 그들의 속도 역시 신체에 어떤 능력을 가져다주기는 했으니 긍정적인 측면이 아주 없는 것은 아니다. 어쩌면 그들도 일상 속에서는 얌전하게(심지어 소심하게) 침묵하고 복종하는, 적어도 겉보기에는 모범생일지도 모른다. 그런 그들이 오토바이와 자동차를 만나 새로운 속도를 경험하고 새로운 신체 변환을 이루었으니, 게다가 거기서 '미적인' 어떤 것마저 느꼈다니, 전쟁이나 폭주도 예술적인 데가 있기는 있다.

하지만 중요한 건 그 능력과 변환이 그리는 선이다. 다른 사람의 죽음 위에서 느끼는 해방감, 다른 존재들의 고통을 짓밟고 얻은 자유, 한 가지 속도밖에 즐기지 못하는 기쁨은 삶을 변화시키는 게 아니라 삶을 점점 무력하게 만들 뿐이다. 그런 점에서 그건 일종의 중독적 능력이다. 중독은 그런 방식이 아니고서는 아무것도 얻을 수 없는 무능력일 뿐이지, 몰입이나 열정과는 무관하다. 예컨대, 마약중독자의 중독은 마약에 대한 열정이 아니라 마약의 힘을 빌리지 않으면 아무것도 할 수 없는 치명적 무능력에 대한 표현이다. 이와 마찬가지로, 액션과 속도를 즐긴다 하더라도 그것이 일상적인 능력을 확대할 수 없다면, 또 더 많은 존재를 만나고 공감하기는커녕 한 가지 방식으로밖에 소통할 수 없다면, 마약중독자의 마약만큼이나 치명적인 독이 되지 않을까?

'변화'를 생각할 때면 대개 '천지개벽' 같은 커다란 변화만을 생각하지만, 사실 삶의 변화는 작은 일상의 변화에서부터 시작된다. 하룻밤 사이에 완전히 달라진 자신을 꿈꾸는 게 아니라 조금씩 조금씩 세상을 향해 마음을 열고, 중독의 치명적인 기쁨과 천천히 결별하고, 다양한 속도들과 접속하는 미세한 변화들. 그 미세한 변화들이 일어나는 과정에서 갑자기 현격하게 달라진 자신을 발견하게 되는 순간의 기쁨을 상상해보라. 이게 바로 천재들의 가르침이 아니었던가? 기다림에 기다림을 거듭하며 날마다 조금씩 나아가는 자들만이 경계를 넘고 자신을 넘어 다른 비전을 볼 수 있다는 것!

관습과 명령에 무기력하게 길들여진 나약한 신체가 아니라 다른 이의 욕망과 접속하면서 나날이 건강해지는 신체. 오지도 않은 미래에 대한 걱정 때문에 하기 싫은 것을 억지로 하는 대신, 하고 싶은 것을 하고 할 수 있는 것을 하기 위해 자신의 능력을 조금씩 변모시키고 확장하는 신체. 그런 신체는 한순간도 게으름을 피우지 않는다.

끊임없이 두리번거리고, 끊임없이 발산하고, 끊임없이 달리기 때문이다. 또 그런 신체는 고립되어 있는 법이 없다. 두리번거리고 달리면서 친구들을 만들기 때문이다.

죽음을 향해 질주하는 폭주족의 액션과 삶을 향해 돌진하는 예술가의 액션! 예술은 하나의 속도가 아니라 모든 속도를, 죽음이 아니라 삶을 긍정하는 자들의 액션이다.

예술, 삶의 활력을 되찾다

아르 브뤼(Art Brut)란, 번역하면 '야생 미술' 정도의 뜻이다. 아르 브뤼 미술가들은 전문적인 미술 교육을 받은 적이 없는 순수한 아마추어들로, 특별히 그룹을 형성한 게 아니라 각자의 방식으로 일상에서 미술을 창조해낸 사람들이다. 그들은 우리가 관습적으로 생각하는 방식으로 작업하는 대신 자신들의 일상 속에서 미술의 영감을 찾는다. 예컨대, 우체부였던 라파엘 로네는 강신술(降神術) 수련 중에 떠오른 이미지를 자동기술적으로 데생했고, 프랜시스 팔랑은 과자를 만들 때 사용되는 설탕 반죽으로 그림을 제작했다. 아르 브뤼 미술가들의 예술은 예술에 대한 학습도, 예술품을 창조한다는 목적의식도 없이 만들어진 '날것'으로서의 예술이다. 무엇을 위해? 자신의 건강을 위해!

서구인의 문화는 더이상 몸에 맞지 않는 외투와 같다. 그것은 죽은 언어와 같아서 길거리에서 사람들이 활발하게 떠들어대는 언어와는 무관하다. 일상생활에서 점점 멀어져 죽은 그룹들의 자잘한 활동에 한정되어 있다. 더이상 그 뿌리가 살아 있지 않다. 나는 일상생활과 즉각적인 연관성이 있는 예술을 추구한다. 일상생활에서 시작하여 우리의 진짜 삶과 진짜 감정들을 아주 직접적이고 아주 진지하게 표현해줄 예술을 말이다.
──장 뒤뷔페, 시카고 강연(1951년) 중에서

아르 브뤼의 창시자인 장 뒤뷔페는 박물관의 작품 대신 아마추어 작가들의 미술을 열렬히 옹호했다. 그는 박물관에 진열된 작품들만이 걸작이라는 사고를 부정한다. 그가 관심을 가졌던 것은 우연한 것이나 인간의 원시적인 가치 등, 이른바 예술적인 '전통'에 감염되지 않은 이미지들이었다. 뒤뷔페는 예술을 한다는 것은 특별한 행위가 아니라 말하고 걷는 것처럼 자연스러운 일이라고 생각했다. 예컨대 그림은 언어보다 훨씬 더 자발적이고 직접적인 표현 수단으로, 차라리 비명이나 춤에 더 가깝다. 그렇기 때문에 예술가가 따로 존재하는 것이 아니라 자신을 자연스럽게 표현할 수 있는 비(非)예술가야말로 진정한 예술가라는 것이다. 아르 브뤼 그룹의 작가 아닌 작가들은 먹고 살기 위해서 그림을 그리는 게 아니라 자신들을 표현하고 치유하기 위해, 그 과정에서 더욱 행복해지기 위해 예술을 한다. 그들은 예술을 소유하거나 감상하는 것이 아니라 예술을 함으로써 스스로 예술가가 된다. 이들에게 예술은 삶을 치유하는 약이고, 되찾은 건강이다.

　예술이라는 이름에 얽매이지 않는 이런 예술에는 정해진 재료도, 장르도, 법칙도 없다. 자신의 몸과 주변에 있는 것들로 무언가를 끊임없이 고안해낼 뿐이다. 사이먼 로디아라는 미국에 살던 한 노인은 1921년부터 54년까지 무려 33년 동안, 수십 대 트럭 분량의 시멘트와 조개껍질, 깨진 타일 조각, 빈 병 같은 쓰레기를 이용해서 자신의 집 마당에 탑을 쌓았다고 한다. 일이 없는 날이나 주말이면 어김없이 혼자서 쓰레기를 쌓고 또 쌓더니, 75세가 되던 어느 날 그 집을 팔고는 미련 없이 어디론가 떠났다는 것이다. 그가 왜 이런 일을 했는지, 뭘 만들려던 것인지, 왜 갑자기 떠났는지는 아무도 모른다. 단지 우리에게는 무용하게 보이는 그 일이 노인에게는 33년이라는 긴 시간 동안 삶을 지탱할 수 있는 자극제가 되었으리라고 추측할 수 있을 뿐이다. 아무도 '예술'이라고 인정해주지 않더라도 그로 인해 자신의 고독을 치유하고 무언가를 꿈꿀 수 있다면, 그보다 더한 '약'이 어디 있겠는가?

　아르 브뤼 그룹의 아마추어 작가들에게 예술이란 누군가에게 보여주기 위한 것이 아니라 삶에 유용한 '기술'이다. 그들은 예술 아닌 예술, 예술을 넘어서는 예술을 통해 자신의 병을, 좁은 공간을 떠난다. 감옥과 정신병원이라는 답답한 공간 속에서도 다른 세계를 보고 표현할 수 있다면, 그 닫힌 공간 너머의 사람들과 공감하고 교통할 수 있다는 것. 이게 아르 브뤼의 교훈이다. 예술은 건강이다!

예술, 삶을 위해 싸우다

1980년대 말. 이른바 '민주화 운동'이 일어난 그 시절 거리에 나가면, 대규모 시위대 앞에는 언제나 '걸개그림'이라는 게 걸려 있었다. 말 그대로 '걸어놓는 그림'이라는 의미의 걸개그림은 수천 마디 말보다도 더 강렬하게 민주화를 갈망하던 사람들의 가슴속을 파고드는 메시지였다. 최병수는 그 시절 걸개그림으로 유명했던 민중미술 작가다. 그런 그가 대규모 시위도 걸개그림도 사라진 지금은 무얼 하고 있을까?

대추리를 아시는지? 미군기지 건설을 위해 강제로 추방을 명령받은 자들이 살던 땅. 미국의 패권 전략을 완성하기 위한 국가의 폭력과 파괴가 공공연히 자행되던 곳. 최병수의 「대추리-아메리카」가 보여주듯이 그곳은 '국가 안의 외국'이다. 하지만 얼마 전까지만 해도 이곳에는 씨를 뿌리는 농민들과 파괴된 건물 위에서 작업하는 예술가들이 살고 있었고, 최병수도 거기서 작업했던 작가 중 한 사람이다. 그는 대추리에서 농민들과 함께 싸우면서 농민들이 농사를 짓듯이 작품을 '지었다'.

그에게 예술이란 삶을 장식하는 것이 아니라 삶을 위해 싸우는 무기다. 농기구와 경운기로 만들어진 대추리 마을 앞의 솟대나 인간의 탐욕으로 인해 죽어가는 새만금 갯벌에 세운 솟대는, 감상되기를 단호히 거부하고 우리가 선 자리를 직시하도록 한다. 예술은 아름다움을 만드는 게 아니라 그 아름다움이 삶 속에서 어떻게 작동하는지를 질문하는 것임을 이보다 더 절박하게 보여줄 수 있을까? 예술은 세상에서 가장 평화로운 전투, 아무도 다치지 않지만 가장 치열한 싸움이다.

한편, 한스 하케라는 현대 독일 작가는 맨해튼 토지 소유 현황에 대한 사진과 공문서에 표기된 토지의 가격, 소유자들의 정보 등을 함께 전시한 후 방문객들의 정치적 견해에 대한 여론조사를 실시했다. 그에게 미술-하기란 그 자체로 정치적인 발언이었던 셈이다. 또 미국의 '게릴라 걸스'라는 그룹은 '백인-남성' 작가의 작품과 '유색-여성' 작가들의 작품 가격을 대비한 포스터를 제작하여, 성이나 인종이 어떻게 문화에 영향을 미치고 있는지를 제시했다. 이들에게는 예술이 현실로부터 도피하는 수단이나 현실 너머에 있는 어떤 것이 아니라, 그 자체가 현실이다. 싸우고, 웃고, 말 걸고, 욕하고, 어울려 살아가는 현실, 그게 예술이다. 이들에게 예술은 사회의 병을 진단하고 치유하는 의사다.

1973년, 리즈 크리스티를 중심으로 한 '그린 게릴라'(Green Guerillas) 그룹은 철근절단기와 곡괭이 등을 들고 뉴욕의 버려진 공터에다 뜰을 만들기 시작했다. 바워리와 휴스턴의 교차점인 이 공터는 알콜중독자 홈리스들이 북적이고 겨울이면 얼어 죽는 사람들이 속출하는 빈민가였다. 이런 불모의 게토에서 '그린 게릴라'들은 땅을 일구고 씨를 뿌려 정원을 만들었다. 누군가의 소유이긴 하지만 버려져 있는 공간을 점거해서 삶을 위한 공간으로 바꾸는 이들의 활동을 '스콧'이라고 한다.

소유자의 입장에서 보자면 남의 땅을 점거해서 사는 이 게릴라들이 진짜 게릴라보다 무서운 '범법자'겠지만, 그린 게릴라 그룹은 지구의 것(=모두의 것)인 땅을 사적으로 소유하여 버려두는 것이야말로 불법이라고 생각한다. 그래서 아무것도 소유하지 않은 자들과 함께 그곳을 '점령'하고, 거기에 씨를 뿌리고, 수확물을 나누고, 그런 활동을 통해 새로운 공동체를 모색한다. 그들에게 예술이란 함께 사는 활동이며, 땅에 씨를 뿌리는 활동이고, 그렇게 지구의 풍경을 바꾸는 활동이다.

　지금까지 말한 작가와 그룹들은 우리가 관습적으로 예술이라고 알고 있는 것들의 경계를 훌쩍 벗어나 있다. 이들의 예술은 우리로 하여금 감상하게 하는 것이 아니라, 자신들이 제기한 문제에 대해 함께 생각하고 참여하도록 만들고, 다른 삶의 가능성에 대해 질문함으로써 우리를 삶 속으로 이끈다. 미술관이라는 성역에 갇혀 하릴없이 관객을 기다리는 구경거리가 되거나 경매시장을 돌며 고가의 상품이 되기를 소망하는 대신, 기꺼이 미술관을 박차고 거리로 나와 문제를 만들고 소란을 일으키는 실천으로서의 미술. 이들은 주어진 예술을 하는 대신 새로운 예술의 영역을 만든다.

　물론 이런 미술들은 많은 경우 외면당하기도 하고, 심지어 그 작업 자체가 다시 미술관으로 끌려 들어가는 경우도 있다. 하지만 중요한 것은 그들의 작은 시작, 그들의 여정, 그들의 소란스러움, 그들의 웃음과 몸짓, 그리고 그 과정에서 그들이 만난 친구들이다. 그 과정에서 예술은 인간과 사회의 병을 진단하고, 약을 처방하고, 건강을 빼앗는 힘들과 의연히 '맞짱'을 뜨기도 한다.

모든 것이 예술이 될 수 있다. 우리의 질문, 우리의 저항, 우리의 아픔…… 어디서든 출발할 수 있다. 거기서 만들어지는 우리의 기쁨, 웃음, 춤, 몸짓, 그 모든 것이 바로 예술이다. 아프기 때문에 더욱 열심히 작업했던 클레처럼, 병원에 갇혀 있으면서도 병원 밖의 세상을 꿈꾸면서 그림을 그렸던 반 고흐처럼, 우리는 현실을 넘어서기 위해 예술을 필요로 한다.

우리를 건강하게 만드는 것, 강한 바이러스로 우리의 건강을 다른 사람들에게 전염시키는 것, 조용한 세상에 파동을 만들고 소란을 일으키는 것, 모두가 침묵할 때 아이처럼 끊임없이 왜냐고 묻는 것, 모두가 줄을 서서 같은 방향으로 걸을 때 끊임없이 줄을 이탈하고 딴 곳을 쳐다보는 것, 그 모든 행위가 예술일 수 있다. 이런 예술은 스트레스를 모른다. 게걸스럽게 배우고, 미친 듯이 표현하며, 진리나 권위의 무거움에 질식당하지 않기 때문이다. 예술은 건강이고, 건강해지기 위한 싸움이다!

예술, 밴드를 꿈꾸다

이런 의문이 들지 모르겠다. 진리나 권위에서 어떻게 벗어날 수 있느냐고. 아니, 거기서 도망치는 것이 대체 가능하기는 하냐고. 예컨대 당장 미술이 하고 싶어도 미술대학에 가려면 배우기 싫은 것들을 배워야 하고 보기 싫은 시험을 봐야 하지 않는가? 미술대학도 나오지 못했으면서 내 마음대로 미술을 한다고 하면 대체 누가 알아주겠는가? 그걸로 먹고살 수는 없지 않은가? 하고.

주성치의 「소림축구」에는 온갖 종류의 '하류 인생'들이 등장한다. 구멍이 뚫린 신을 신고 쓰레기를 줍는 우리의 주인공은 '모든 사람들이 쿵푸를 잘할 수 있다면 일상이 얼마나 편하고 행복할까' 하고 생각하는, 참으로 독특한 꿈을 가진 사람이었다. 그러던 그가 우연하게 거리에서 한물간 축구감독을 만나게 되고, 자신의 분야에서 다양하게 무시당하며 살던 각종 낙오자 친구들을 모아서 축구팀을 결성하게 되었으니, 이름하여 소림축구단!

그들은 '조직'에서 이익을 창출하기에는 어딘가 모자라거나 비정상적인 사람들이지만, '소림축구단'에서는 그들의 '장애'가 오히려 강한 무기가 된다. 머리가 단단하거나 뱃살이 많은 게 그 자체로 보면 전혀 유용할 리 없건만, 그 각각의 '쓸모없는' 특징들이 축구팀 속에서는 화려한 개인기로 빛났던 것. 자신의 고유한 특이성이 그대로 보존되면서 다른 것들과 함께 강한 힘을 만들어낼 수 있는 집합, 그게 바로 밴드다. 자신이 잘 다루는 악기를 들고 함께 모여 연주하는 음악 밴드나, 다양한 기술을 가진 사람들이 모여 영화 한 편을 완성하는 영화 밴드, 그리고 소림축구단을 볼 때면, 저런 '밴드'를 만들어 뭔가를 해보고 싶다는 생각이 강렬해진다.

간혹 혼자 모든 연주를 하거나 제작부터 연기까지의 모든 영화 작업을 다 하는 초인적인 사람들도 있다지만, 연주나 영화의 매력은 밴드 성원들의 공동 작업에서 발생하는 시너지 효과가 아닐까 싶다. 별은 저 혼자 빛을 낼 수 없다고 했던가. 혼자서는 할 수 없는 일도 여럿이 밴드를 조직하면 할 수 있는 일들이 있다. 자신의 능력이 한참 모자란다고 생각하거나 무언가를 시작하고는 싶으나 두려움이 앞선다면, 밴드를 조직해보시라. 밴드의 능력은 단순히 개인의 능력을 더해놓은 게 아니라 '함께함'에서 비롯되는 새로운 능력이다.

스탑크랙다운(Stop Crackdown) 밴드를 아시는지. 홍대 주변의 언더 밴드도, 메이저 레이블에서 음반을 낸 신인 밴드도 아니다. 성급히 사전을 찾아본 사람이라면 알겠지만, 이 밴드 이름의 뜻인즉 '단속탄압중지'다. 무슨 밴드 이름이 이렇게 이상하냐고? 그들의 노래는 더 단도직입적이다.

> 강제추방 반대한다 / 강제추방 반대한다 / 강제추방 반대한다.
> 우리는 노동자, 권리 보장해! / 우리는 노동자, 권리 보장해!
> Stop Stop Stop Crackdown
> We are labor We want labor rights
> ──「우리가 원하는 건」에서

설마 이게 전부? 전부다. 이쯤에서 눈치챘겠지만, 스탑크랙다운은 한국에 있는 이주노동자들로 구성된 밴드다. 그리고 이들의 주 공연장은 어두컴컴한 클럽이 아니라 거리다. 이들은 경찰의 삼엄한 '보호'(?) 속에서 이 단순한 노래를 목이 터져라 외쳐 부른다.

이주노동자에 대해서는 예전에 〈느낌표〉라는 프로그램을 통해 알고 있는 것 정도가 전부일 거다. 이주노동자 한 명을 골라 고향에 보내주거나 고향에 있는 가족들을 데려와 상봉시키던 눈물겨운 프로그램. 그런데 정작 대다수의 이주노동자들은 이 휴머니티 가득한 프로그램을 보면서 우리처럼 감동스러워하지 않는다고 한다. 그들에게 중요한 건 고향의 가족들을 만나는 게 아니라, 고향으로 돌아가기 위해 여기서 정당한 노동의 대가를 지불받는 것이기 때문이다.

대부분의 이주노동자들은 아주 열악한 환경에서 위험한 노동을 하고 있지만, 임금을 제대로 못 받는 건 말할 것도 없고, 공장주의 폭력과 정부의 강제추방 공포에 시달리면서 근근히 살아가고 있다. 때문에 우리에게는 아무것도 아닌 '노동자', '권리 보장', '추방', '반대' 같은 단어들이 그들에겐 가장 절실한 일상의 단어들인 것이다.

이주노동자 집회에서 우연히 결성된 스탑크랙다운 밴드는 이주노동자들의 구호에 음을 붙이고 우리말 발음을 죽어라 연습해서 집회 때마다 목이 터져라 부른다. 사운드도 후지고 보컬도 초라하지만, 이거야말로 진정한 록이 아닐까. 스탑크랙다운 밴드뿐 아니라 자신의 권리를 외치는 여러 이주노동자 가수들이 있다.

> 매일 같은 일 작은 공간, 새로운 것이 뭔지 모르겠어.
> 힘들고 지칠 때 나를 기다리는 건
> 어두운 작은 방 형광등뿐
> 내가 원하든 원하지 않든 난 이미 불법체류자인걸
> 하루하루의 고단함 속에 살아야 하는 내 인생

> 나의 몸이 너무도 아파 쉬고 싶지만
> 죽도록 기계랑 또 싸워야 하고
> 이내 몸이 부서지고 또 짓밟힌다 해도
> 난 이미 장애 장애 장애 장애 장애인인 걸
> ──담버수바, 「장애」에서

담버수바라는 네팔 노동자의 노래다. 이들은 다른 나라에서 다른 언어로 자신들의 주장을 전달하기 위해 노래를 무기로 택한다. 이들은 어떤 사회에서도 인정해주지 않는 무명 밴드지만, 그들의 노래는 아픈 자들의 마음을 어루만지고, 화난 자들의 분노가 되어 울려 퍼진다. 그렇게 그들의 노래는 세상과 싸우는 액션이고, 세상을 향해 던지는 질문이며, 삶을 치유하려는 손길이다.

어떤 일을 하는 데 있어서 '좋은 조건'은 하나의 요소일 뿐이다. 조건이 아무리 좋아도 그것이 내 꿈이 아니라면, 또 설령 내가 바라던 것이라도 함께 웃고 배울 수 있는 스승과 친구가 없다면, 과연 행복할 수 있을까? No! 그런 의미에서 '좋은 조건'이란 주어진 것이 아니라 만드는 것이다. '최악의 조건'조차도 '좋은 조건'으로 변환시킬 수 있는 힘, 그건 바로 함께 길을 걷는 친구들로부터 나온다. 그러므로 자신의 재능과 조건을 탓하기에 앞서서 자신의 꿈을 소문내고, 함께 꿈꿀 친구들을 찾아다닐 일이다.

'원은 중심으로부터 같은 거리에 있는 점들의 집합'이라는 정의는 추상적인 정의일 뿐, 실제로 그런 원은 없다. 어떤 문제를 둘러싸고 주변에서 잡아당기는 여러 힘들이 있을 때 비로소 원 비슷한 모양이 형성된다. 그렇게 보자면 원을 만드는 것은 중심이 아니라 주변의 힘들이다. 많은 사람들은 '중심'에 서고 싶어 하고, 중심에 있으면 모든 것을 얻을 수 있을 거라고 생각한다. 하지만 원의 중심에 도달했다고 생각하는 순간, 이미 또 다른 외부의 힘 때문에 그 자리는 중심이 아니게 된다. 도달해야 할 단 하나의 중심 같은 건 없다. 거꾸로, 자신이 있는 주변의 자리야말로 무수히 많은 중심들 중 하나다.

이처럼 세상은 하나의 원이 아니라 수많은 원들로 구성되어 있다. 그럴진대 중심과 주변의 구별이 무슨 소용이란 말인가? 자신의 자리에서 자유롭게 밴드를 조직하면서 원을 만들어갈 뿐. 이런 밴드에게는 '1등'이니 '꼴찌'니 하는 평가는 그리 중요치 않다. 그런 위계는 하나의 중심에서밖에 파악될 수 없기 때문이다. 원이라는 관점에서 보면 세상에 1등과 꼴등이란 존재하지 않는다. 그저 움직이고, 웃고, 떠들고, 뛰어다니면서 뭔가를 만들어내는 다양한 존재들이 있을 뿐이다.

자신이 서 있는 바로 그 자리에서 밴드를 조직하라! 예술이란 이러저러한 규정으로부터 시작되는 것이 아니라, 어디로 향할지 모르는 그 첫 걸음, 최악의 조건 속에서 꿈틀거리는 최초의 몸짓으로부터 시작된다. 내 꿈을 실현시켜줄 좋은 조건을 기다리는 대신, 내게 주어진 조건을 최고의 조건으로 만들어가는 것. 그거야말로 미래적인 예술 작품이리라.

여행이 거의 끝나고 있지만, 이 여행의 끝에서 우리는 새로운 예술의 풍경들을 보게 될 것이다. 그리고 거기서 다시 우리의 새로운 여행은 시작될 것이다. 자신만의 몸짓으로 새로운 표현을 만들고, 새로운 친구를 만나고, 새로운 세계를, 새로운 삶을 만들었던 여러 사람들의 풍경. 그들의 삶에서 배운 지혜들이 우리의 삶에서 작동하게 되기를. 그리하여 우리의 삶 자체야말로 어떤 위대한 예술보다도 더 위대한 예술임을 기쁘게 깨달아갈 수 있기를!

아직 오지 않은 우리들의 예술을 위하여!

지렁이의 삶 | 언제부터인지 '웰빙'이라는 말이 유행처럼 퍼지면서, 모두들 어떻게 하면 좀더 좋은 걸 먹고 편안하게 살 수 있을까를 고민한다. 하지만 정작 우리들이 동경하는 '웰빙'에는 잘 먹는 과정, 혹은 잘 먹고 난 다음에 대한 고민이 빠져 있는 듯하다. 각종 웰빙 프로그램들을 보면 모두 내 한 몸밖에는 관심이 없다. 어떻게 내가 잘 먹고, 내가 잘 살고, 내가 건강해질 것인가 같은 문제들만 난무할 뿐, "어떻게 모두 함께 잘 살 수 있을 것인가" 같은 윤리적 질문은 빠져 있다. 그래서 우리 시대의 히트 상품이 된 듯한 '웰빙'은 삶의 태도에 관한 문제라기보다는, 부자들의 풍족한 삶에 대한 비유처럼 보이기도 한다. 좋은 걸 골라 먹으려면 우선 잘 살고 봐야 할 테니 말이다. 하지만 진정한 의미에서 '잘 산다'고 할 수 있으려면, 내가 어떻게 잘 먹고 건강하게 살까를 생각할 게 아니라, 어떻게 나의 삶이 전체 속에서 다른 이의 삶이나 다른 종(種)들의 삶과 공존할 수 있을지를 생각해야

하는 게 아닐까?

잘 알다시피, 지렁이들은 땅에 버려진 찌꺼기를 먹고 자란다. 우리가 버린 음식 찌꺼기들, 다른 동물들이 먹다 버린 음식들이 지렁이들의 식량이다. 그런데 놀라운 건 그런 찌꺼기들을 먹고 내뱉는 지렁이의 배설물이 땅을 비옥하게 만드는 양분이 된다는 사실이다.

남들이 버린 것을 가지고 다른 것들에게 필요한 양분을 만들어내는 삶, 그게 지렁이의 삶이다. 여기엔 어쩐지, 예술적인 그 뭔가가 있지 않은가? 버려진 것을 생의 에너지로 전환시키는 놀라운 능력! 예술적 능력이란 어쩌면 그런 것이 아닐까? 예술이란, 그런 무한한 변이가 아닐까? 예술가란 "세상엔 모든 것을, 나에겐 아무것도!"라고 외치면서 땅 위에 모든 풀들을 피어나게 하고 자신은 땅속으로 자취를 감추는, 그런 지렁이를 닮아야 하지 않을까?

지아장커, 감독 되다 | 지아장커라는 감독은 첸카이거나 장이모우 같은 유명한 감독들 이후 세대인, 이른바 중국 6세대 감독 중 한 사람이다. 첸카이거나 장이모우 같은 5세대 감독들은 주로 동양적인 소재와 색채, 그리고 중국적인 풍광을 가지고 서구에서 호응을 얻었다. 급기야 「연인」이나 「영웅」 같은 영화에서는 서양인들을 위한 중국적 스펙터클의 향연이 펼쳐진다. 거기에는 빠르게 자본주의화되는 중국의 현실이나 그 안에서 부서지고 일어서는 중국인들의 삶은 없다. 오로지 신화와 낭만적 사랑, 그리고 동양에 대한 서양적 판타지만이 난무할 뿐이다.

하지만 지아장커는 서구인에게 보여주기 위한 문화가 아니라 서구인들이 별로 궁금해하지 않는 중국 민중의 현실에 주목한다. 「소무」나 「임소요」 같은 영화에서 그는 중국이 개방의 물결 이후 풍요로워지고 있는 듯하지만 어떻게 그 풍요로움이 소외와 빈곤을 만들어내는지, 그 속에서 얼마나 많은 사람들이 표류하고 좌절하면서 삶을 지탱해 나가는지를 담담하게 보여준다.

영화계의 천재? 천만에. 이런 지아장커의 어린 시절 꿈은 양아치가 되는 것이었다고 한다. 딱히 기술도, 돈도, 배운 것도 없었기 때문에 그저 동네 건달 노릇이나 하면서 대충 편하게 살아가는 것. 꿈이라기엔 참 초라하지만 그게 그의 '꿈'이었단다. 그러던 그가 어느 날 우연히 친구들과 들어간 극장에서 본 영화가 첸카이거의 「황무지」였고, 그 영화를 본 후 지아장커의 꿈은 변했다. 그래, 영화감독이 되자!

아주 우연한 만남이 양아치를 꿈꾸던 청년을 카메라를 든 감독으로 바꿔놓았다. 그 예기치 못한 우연이, 어느 날 문득 마주친 한 편의 영화가, 암울한 현실 속에서 비전 없이 살 뻔한 삶을 암울한 현실을 들여다보고 거기서 비전을 모색하는 삶으로 변환시켰다. 수동적이고 부정적인 삶을 능동적이고 긍정적인 삶으로 탈바꿈시킨 계기는 그렇게 예기치 못한 순간 예고 없이 다가오는 법. 그러니 미래를 앞서 재단하고 예측하지 않되, 언제든 촉각을 곤두세울 일이다.

돌연한 순간, 길을 어슬렁거리는 나와 쾅 하고 부딪히는 만남. 그래서 길의 방향을 바꾸고, 삶 자체를 다르게 만들어버리는 만남.

예술 작품이든, 사람이든, 혹은 다른 무엇이든 그런 만남이야말로 정말 예술적인 것이 아닐까? 아무와도 소통하지 못하는 닫힌 세계 속에 살다가 자신이 경험한 세계를 다른 사람들과 나눌 수 있는 삶을 살게 되는 순간, 그 순간 삶은 예술이 되는 게 아닐까? 예술은 그처럼 누군가에게 새로운 삶을 선물하는 것이어야 하지 않을까?

거미의 세계 | 거미에게는 지각 능력도 기억력도 없다. 거미는 그저 거미줄을 통해 전해지는 진동을 감각할 뿐이다. 눈도 없고 귀도 없고 코도 입도 없지만, 온몸으로 감각을 느끼는 거미는 아주 작은 진동에도 크게 반응한다. 그리고 그 순간, 진동이 전해지는 그 장소를 향해 몸을 던진다. 거미에게 세계는 이러저러한 법칙들로 구성되는 질서 정연한 세계가 아니라 다양한 진동과 속도, 기호들로 이루어진 불확실하고 모호한 세계다.

우리의 삶과 세계는 이처럼 우리에게 신호를 보내고 우리를 움직이게 하는 것들로 이루어져 있다. 세계는 넓고 할 일은 많은 게 아니라, 자신이 감지하고 반응하고 행동하는 만큼이 자신의 세계다. 세상에 존재하는 것들과 공명하는 것이 많아질수록 세계는 넓어진다. 그렇기 때문에 '나는 누구인가'라는 질문은 그다지 유용하지 않아 보인다. 내가 할 수 있는 것, 내가 하고 있는 것이 바로 나이기 때문이다. 예컨대 밭을 가는 말은 광야를 달리는 말보다는 밭을 가는 소에 가깝고, 들판을 달리는 소는 밭을 가는 소보다는 광야를 달리는 말에 더 가깝다. 그럴진대 소나 말이라는 규정이 무슨 의미가 있겠는

가. 우리 모두는 정해진 존재가 아니라 우리들이 하고 있는 바로 그것이다.

그러므로 내가 누구인가보다 중요한 건, 내가 무엇에 반응하고 무엇에 무덤덤한지, 또 무엇을 만나면 기쁘고 무엇을 만나면 슬픈지, 어떤 일을 하면 능력이 커지고 어떤 일을 하면 작아지는지, 무엇이 나를 움직이게 하고 무엇이 나를 얼어붙게 만드는지를 아는 일이다. 거미처럼 나를 향해 신호를 보내는 미세한 떨림들을 번개처럼 포착하는 일이다.

세상과 예술가의 만남, 혹은 작품과 우리들의 만남 역시 그러하다. 예술가의 눈과 귀와 손을 움직이게 만드는 어떤 사물이나 사건들만이 작품을 생산할 수 있게 하고, 우리의 마음과 신경과 뇌를 움직이게 만드는 작품에서만 의미가 발생한다. 예술은 우리 밖의 세상에서 시작되는 것도, 우리 안에서 시작되는 것도 아니다. 그것은 우리를 움직이게 하는 어떤 것과 마주칠 때 비로소 시작된다.

여러분을 움직이는 건 무엇인가? 무엇이 여러분을 향해 나 좀 봐달라고 소리치는가? 무엇이 여러분을 기쁨의 상태로 이끌고, 무엇이 여러분의 능력을 커지게 만드는가? 예술가란 자신을 향해 소리치는 것들, 표현하지 않고는 견딜 수 없도록 유혹하는 것들을 찾아다니고, 최선을 다해 그것들을 표현하는 사람들이 아닐까? 세상과 공명하면서 점점 더 많은 목소리를, 더 많은 눈과 귀를 갖게 되는 사람들. 예술가란 바로 그런 사람들에게 어울리는 이름이 아닐까?

교도소에서 세계를 만난 조지 잭슨 | 조지 잭슨은 열여덟 살에 주유소에서 70달러를 훔친 죄로 평생을 교도소에서 보낸 인물이다. 흑인이라는 점을 감안하더라도, 평생을 감옥에서 보내야 할 만큼 큰 죄를 지은 건 아니다. 그런데도 그가 평생을 교도소에서 보낼 수밖에 없었던 이유는 교도소 내에서 조직을 만들어 교도소 내 인권 운동을 주도했기 때문이다. 교도소에 수감된 후, 그는 감옥에서도 심각한 인종차별이 자행되고 있음을 경험하고는 그때부터 정치경제학과 세계의 혁명가들을 공부하기 시작한다. 그리고 틈틈이 책을 쓰고 사람들에게 자신의 생각을 알리면서, 교도소 내의 소수인종을 정치화하는 지도자가 된다. 그 때문인지, 그는 알 수 없는 이유로 돌연 교도소 내에서 총살을 당했다.

일반적인 관점에서 보면, 그의 삶은 소외되었고 불행했을 것이다. 하지만 그는 교도소에서 비로소 자유로운 삶을 찾았다고도 할 수 있지 않을까? 자유로운 삶이란 무엇이든 원하는 대로 할 수 있는 삶이 아니라 자신의 의지에 따라 행동하는 삶, 그리고 더 많은 사람들과 더불어 행복하기를 꿈꾸는 삶을 의미하기 때문이다.

잭슨은 작은 감방에 갇혀 있었지만, 사방이 막힌 그 공간에서 처음으로 자신의 현실을 고민하고, 그 고민을 해결하기 위해 공부한다. 그리고 공부를 하면서 시공을 뛰어넘어 친구들을 만나고, 그들과의 만남을 통해 자신의 생각을 글로 펼칠 수 있게 되었다. 비록 갇혀 있었지만, 그는 그 갇힌 곳에서 현실을 만나고, 더 큰 세계를 구성하고, 그럼으로써 감옥에서 감옥을 탈출할 수 있었다.

예술은 그처럼 지금 자신의 자리에서 그 자리를 벗어나는 것이 아닐까? 아무리 비좁고 답답한 곳이라도 그 안에 세계 전체를 담을 수 있다면, 그건 어떤 위대한 예술보다도 더 위대하지 않을까? 예술은 제자리에서 더 풍요롭고 자유로운 현실을 기다리는 행위가 아니라, 자신의 자리를 가장 풍요롭고 자유롭게 만들기 위해 자신의 자리로부터 달아나는 행위가 아닐까? 현실을 도피하거나 현실 너머를 꿈꾸는 게 아니라 현실 속으로 뛰어드는 것, 자신이 있는 자리를 똑바로 응시하는 것, 그리고 그 자리에서 새롭게 현실을 만들어내는 것, 그거야말로 참된 예술이 아닐까?

동물들을 마음을 읽은 템플 그랜딘 | 템플 그랜딘이라는 동물학자는 어린 시절 자폐증을 앓았다고 한다. 그런 그가 어떻게 세계적인 동물학자가 되었을까? 사람들과 소통하지 못하는 그에게는 아주 특별한 능력이 하나 있었는데, 그건 동물들의 마음을 읽는 것이었다고 한다. 그런데 그 방법이 참 독특하다. 보통 사람들처럼 동물들의 행동 양식을 외우는 게 아니라(물론 이것도 아무나 할 수 없지만) 동물들의 몸짓을 이미지로 기억한다는 것이다. 그러다 특정한 상황에 처해 있는 동물을 보면 자신도 모르게 그 동물이 취할 행동을 그릴 수 있게 되었다고 한다. 동물들에 대한 앎을 통해서가 아니라 그들의 몸짓과 신체를 관찰함으로써 동물의 마음에 가 닿았던 것. 사람들과는 소통할 수 없었지만, 그래서 사람들로부터는 '비정상'이라는 따돌림을 받아야 했지만, 그는 '정상적인' 사람들이 소통할 수 없는 동물들과 마음

을 주고받는 동물학자가 되었다.

절집에서는 나무를 옮겨 심거나 벌목을 해야 할 때 치르는 일종의 의식이 있다고 한다. 나무에 끈을 묶은 후 길게 연결해서 한쪽 끝을 절집 사람들의 손목에 묶는 것이다. 그렇게 끈을 통해 하룻밤을 함께 지내면서 뽑힐 때 너무 아파하지 말라고, 옮겨 심어진 자리에서도 아프지 말고 잘 자라라고 마음으로 대화한다고 한다. 나무와 무슨 대화를 하겠는가 싶을지 모르지만, 세상에 존재하는 건 돌멩이 하나라도 모두가 소중하다는 것이 불교적 사유 방식이다. 사물 하나에도 그렇게 마음을 건네면 그 진심이 전해질 수 있다고 믿는 것. 그건 인간 사이의 소통을 넘어서는 우주적인 소통 방식이고, 인간끼리의 사랑(휴머니즘)과는 비교도 할 수 없는 거대한 사랑이다.

미래의 예술가는 인간의 언어를 벗어나 이와 같이 우주적인 소통을 나눌 수 있는 사람들이어야 하지 않을까? 우리는 부모나 친구들과 정상적인 언어로 대화를 나누지만, 대화에서 진심을 주고받는 경우는 그렇게 흔치 않다. 그저 형식적으로 서로를 이해하거나 기본적인 의도만을 전달하는 경우, 아니면 일방적으로 견해를 강요하거나 강요받는 경우가 더 많다. 하지만 템플 그랜딘은 소의 눈이 되어 세상을 보고, 소의 감수성을 배움으로써 소통이 불가능하다고 생각하는 동물과 교감한다. 또 스님들은 우리가 그냥 '사물'이라고 생각하는 나무에게 진심의 말을 건넨다.

그러고 보면, 정상적인 언어로 같은 종(種)하고밖에는 대화하지 못하는 인간들이야말로 어쩌면 진짜 자폐증 환자일지도 모른다. 산과 하나라고 느끼기 때문에 자신의 생명을 걸고 산을 지키려는 지율 스님, 갯벌이 자신의 몸이라고 느끼기 때문에 온몸을 바쳐 갯벌을 지키려는 문규현 신부님, 이런 분들이야말로 세계 전체와 소통하고 자신의 몸으로 세계 전체를 표현하는 예술가가 아닐까? 우리 자신뿐 아니라 전세계를, 나아가 우주를 사유할 수 있는 능력, 그게 미래의 예술가가 갖는 천재성이어야 하지 않을까?

청소하는 유켈스 | 유켈스라는 작가는 전시를 앞두고 미술관을 빌린다. 그런데 전시가 시작되어 미술관을 찾은 사람들은 잠시 어리둥절해진다. 미술관 앞에 '휴관'이라는 푯말이 붙어 있기 때문이다. 포스터를 봐도 미술관 앞에 걸린 현수막을 봐도 전시를 오픈하는 날짜가 틀림없는데 휴관이라니……. 직원에게 확인을 해보니 지금 전시 중이라고 한다. 저기 작업하고 있는 작가가 보이지 않느냐고 손가락으로 가리킨다. 안내원이 가리키는 곳을 보니 미술관 앞에서 열심히 청소를 하고 있는 사람이 있다. 그가 작가라는 사실만으로도 어안이 벙벙한데, 더 놀라운 건 그가 작업 중이라는 사실이다. 세상에 이런 일이?!

우리는 깔끔하고 쾌적한 미술관에 가서 때 묻지 않은 미술관 벽에 걸린 작품을 감상하지만, 그 쾌적함이 너무나 당연하게 느껴져서 한 번도 "이 커다란 미술관은 대체 누가 청소하는 거지?"라고 질문하지 않는다. 아니, 미술관이 깨끗하다는 것조차 의식하지 못한다. 마치 집안일을 도맡아 하는 어머니의 노동이 너무나 당연하게 느껴지는 것처럼. 유켈스는 이처럼 우리가 당연하다고 생각해서 아무도 던지지 않는 질문들을 던진다. 당신이 미술관에 왔을 때 누리는 그 쾌적함이 누구의 노동 덕분인지 아느냐고. 어쩌면 우리의 삶을 구성하는 건 미술 작품보다는 그런 보이지 않는 누군가의 노동이 아니겠느냐고. 예술이 그런 노동보다 과연 더 가치 있는 것이냐고. 그래서 그는 청소로 작업을 대신한다. 아니, 미술관을 청소하는 게 그의 작업이다.

 예술은 종종 현실보다 더 우월한 어떤 것인 척하곤 한다. 현실은 초라하지만 예술은 위대하다는 둥, 인생은 짧고 예술은 길다는 둥. 하지만 아무리 위대한 예술이라도 초라한 현실보다 더 우월할 수는 없는 법이다. 그 초라한 현실이야말로 예술을 탄생시키는 재료가 될 수 있기 때문이다. 삶이 아무리 힘들어도 그걸 뛰어넘을 수 있는 힘을 담고 있는 것, 그 또한 삶이기 때문이다. 그러므로 예술보다 더 중요한 건, 예술을 지속하게 하는 삶이다.

 유켈스는 묻는다. 무엇이 예술인가가 아니라, 무엇이 예술을 계속 살게 하는가, 라고. 누구도 혼자 살 수 없는 것처럼, 예술도 예술가도 혼자서는 살아갈 수 없다. 그런데 우리는 작품을 보면서 그 사실을 자꾸 잊어버리는 게 아닐까? 그것들이 천상에서 내려온 거라고 자꾸만 착각하는 건 아닐까? 쌀 한 톨에 전체 우주의 작용과 무수히 많은 사람들의 수고로움이 담겨 있다는 사실을 잊고 살듯이, 무엇이 예술을 살게 하는지를 잊고 있는 게 아닐까? 예술보다 중요한 건, 예술 안팎에 펼쳐진 우리의 약동하는 현실이 아닐까?

그림으로 영화를 찍은 구로사와 아키라 | 구로사와 아키라는 「라쇼몽」, 「가게무샤」를 비롯한 많은 걸작을 남긴 일본의 영화감독이다. 내로라하는 미국과 유럽의 영화감독들이 앞다퉈 구로사와 아키라의 영화에서 영감을 받았다고 할 만큼 영화사에서는 중요한 인물이다. 세계 영화제들에서 여러 차례 수상함으로써 비평적으로는 물론 대중적으로도 성공을 거뒀다. 그러나 이런 거장도 제작자가 나타나지 않아 한동안 영화를 찍지 못하는 오랜 '백수의 시간'을 보내야 했다고 한다. 더이상은 그의 영화가 관객 동원을 하기 힘들다고 판단한 제작사들이 그를 외면했던 것이다. 보통 사람 같으면, 아무리 영화 산업이 돈을 따라 흘러간다지만 그래도 거장인데 이런 푸대접을 하다니, 라며 넋 놓고 앉아 대중을 원망하거나 자신의 신세를 한탄했을 법도 하다. 그러나 구로사와는 그 시간에 그림을 그린다. 카메라를 들고 영화를 찍을 수 없다고 어떻게 머릿속에서 펼쳐지는 구상들을 버릴 것인가? 언젠가는 찍을 수 있을지도 모른다고 생각하면서, 혹은 자신이 죽고 난 다음에라도 다른 누군가가 그 그림을 보고 찍어주었으면 하고 기원하면서, 카메라에 담아야 할 이미지들을 화폭에 옮기기 시작한다.

그때 프랜시스 포드 코폴라, 스티븐 스필버그 같은 '잘 나가는' 할리우드 감독들이 이 소식을 전해 듣는다. 그리고는 자신들에게 영화적 영감을 준 이 위대한 스승이 돈이 없어 영화를 못 찍는다는 건 우리의 수치다, 라는 생각으로 의기투합하여 제작비를 모으기 시작한다. 그래서 탄생한 영화가 바로 그 유명한 「가게무샤」다. 만약 구로사와가 제작비가 없다는 현실 때문에 영화에 대한 열정을 포기했더라면 어찌 되었을까?

1부에서 우리는 '천재'에 대해 얘기했었다. 천재란 지칠 줄 모르는 열정, 무서운 끈기, 그리고 지나치게 오만하지도 겸손하지도 않은 솔직함과 과감성 등으로 나타난다고. 구로사와 아키라는 자신의 천재적인 열정으로 절망적인 상황을 반전시켰다. 어떤 연구에 따르면, 예술가들이 죽기 전에 그린 '유작'들은 종종 이전에 볼 수 없었던 에너지를 가장 단순한 방식으로 분출한다고 한다. 그러고 보면 물리적인 나이란 어쩌면 별 의미가 없는 건지도 모른다. 젊다고 용기 있게 모든 걸 할 수 있는 것도 아니고, 나이가 많다고 모두 지혜로워지는 것도 아니다. 문제는 나이가 아니라 삶에 대한 태도일 것이다.

자신 앞에 놓인 장애물을 어떻게 넘어갈 것인가? 멀리 돌아갈 것인가, 그 앞에서 머뭇거릴 것인가, 장애물을 넘어뜨릴 것인가, 아니면 되돌아갈 것인가? 적게 살았든 오래 살았든, 부자든 가난하든, 많이 배웠든 못 배웠든, 언제 어디에서고 장애물은 나타난다. 그때 우리는 어떻게 할 것인가? 장애물을 욕하고, 장애물이 나타난 자신의 삶을 원망할 시간에 장애물을 넘을 수 있는 방법을 자기식으로 탐구하라는 것, 그게 구로사와의 가르침이 아니었을까? 예술가는 이처럼 늙음이 지혜로 쌓이는 자, 한탄이나 원망 대신 평온한 열정으로 자신의 한계를 넘어가는 사람들이 아닐까? 자신이 이르게 될 곳이 어딘가에 상관없이, 뒤에 오는 사람들을 위해 길을 만들어주면서 묵묵히 자신의 길을 가는 자들이 아닐까?

윌로씨의 휴가 | 프랑스의 채플린이라고 할 수 있는 자크 타티는 「윌로씨의 휴가」라는 영화에서 윌로씨로 등장하는 배우이자 이 영화의 감독이다. 영화가 시작되면 윌로씨는 아주 시끄러운 소리를 내는 자동차를 끌고 해변가 호텔에 도착한다. 이 사람, 등장부터 심상치가 않다.

영화 내내 휴가 온 사람들의 행동은 반복된다. 아침 먹고 해변가에 가서 잠깐 놀고, 점심 먹고 근처 나가서 잠깐 놀고, 다시 호텔에 와서 저녁 먹고 이런저런 이야기를 나누다가 잠들고, 다시 아침이 돼서 아침 먹고 나가 놀고……. 며칠간의 휴가 동안 부자들은 모두 질서정연한 일상을 반복한다. 오로지 윌로씨와 아이들만이 매일매일 새로운 사고를 친다. 뭘 잘못 건드려서 사람들을 놀라게 한다거나, 장난을 치다가 실수를 하게 된다거나 하는 식으로. 급기야 사람들과 산책하던 중 장례식 행렬과 만나게 되었을 때, 윌로씨는 거기서 타이어를 화환으로 만듦으로써 슬픔의 장례식장을 웃음바다로 만들어버린다. 그리고 최고의 하이라이트! 휴가 마지막 날 밤, 윌로씨는 폭죽이 있는 화약고를 잘못 건드려서 밤새 폭죽 소리가 울려 퍼지게 만든다. 휴가를 마치고 떠나는 날 아침, 떠나는 사람들은 모두 휴가를 망쳤다고 투덜거리지만, 아이들은 풀 죽은 윌로씨에게 와서 눈웃음을 건네며 장난을 친다. 끝까지 그들은 최선을 다해 휴가를 즐긴다.

매일매일의 일상 속에서 새로운 사건을 만들어낼 수 있는 사람에겐 삶이 아이들의 놀이처럼 흥미진진한 것이지만, "사는 게 다 거기서 거기지"라면서 패턴화된 일상을 반복하는 사람들에게는 삶이란 그저 살아내야 하는 의무일 뿐이다. 예술은 어떤 의무나 도덕감에 사로잡히지 않는다. 예술은 어제와 오늘, 그리고 내일의 '나'가 똑같은 나라고 믿는 사람들, 어제의 산과 오늘의 산, 내일의 산이 모두 똑같은 산이라고 믿는 사람들에게는 불가능한 세계다.

나는 나로 살아가지만, 그 '나'는 늘 똑같은 나가 아니라 매 순간 끊임없이 변해왔고 변하고 있으며 변해갈 '나'라는 걸 기쁘게 받아들이는 사람들, '나'란 그렇게 변하는 내가 매일 변하는 세계를 만남으로써 끊임없이 새롭게 만들어지는 존재임을 긍정하는 사람들에겐, 삶 자체, 이 세계 자체가 예술이 아닐까? 의무감에 사로잡혀 시키는 일만 하는 노예가 되는 대신, 자신의 행동을 통해 웃음을 만들어내고 상황을 변화시킨 윌로씨를 보라. 자신에게 주어진 조건을 자신만의 방식으로 긍정할 수 있다면, 자신이 있는 자리에서 윌로씨나 채플린처럼 독특한 걸음걸이와 몸짓을 만들어낼 수만 있다면, 거기서 예술은 시작된다.

*   *   *

그러므로 이제 예술을 다 잊어도 좋다. 예술 작품도, 예술가도, 심지어 예술이라는 말까지도. 중요한 건 지금까지 만난 예술가와 예술 작품이 우리에게 건네주었던 지혜와 메시지들이다. 그들이 어떻게 세상과 싸우고, 삶을 긍정하고, 기쁨을 만들어내고, 슬픔을 피할 수 있었는지, 그들이 어떻게 장애물 앞에서 절망하지 않고 넘어가는 방법을 탐구했는지, 그들이 어떻게 자신의 몸짓으로 사람들을 모아서 그들과 함께 행복을 만들었는지, 그것만 남기고 모두 잊자. 그리고 잊은 자리에서 다시 시작하자. 각자의 방식으로, 각자의 무기를 들고, 각자의 예술을 꿈꾸자. 꿈을 꿀 때는 어떻게? 대낮에, 눈을 크게 뜨고!^^

세잔, 색채의 열반에 이르다

우리가 보는 모든 것들은 흩어지고 사라지지. 자연은 항상 동일하지만 그 외관(현상)은 늘 변한단 말일세. 그러니까 우리 예술가의 임무는, 모든 다양한 요소와 늘 바뀌는 외관과 더불어 자연의 영원함의 진동을 전달하는 것이네. 그림이란 모름지기 그 자연의 영원함을 맛볼 수 있게 해주는 것이어야 하네 …… 난 자연이라는 쫙 벌어진 손가락들을 꽉 잡아서 흩어지지 못하게 꽉 잡아 묶지 …… 여기, 저기, 그리고 모든 방향에서 말이야. 그런 다음 색채와 색조와 음영을 선택해서 화면 위에 늘어놓고 연결해 나가지 …… 그러면 그게 선이 되고, 바위나 나무 같은 대상이 되는 걸세. 나도 모르는 사이에 말이야. (폴 세잔, 가스케와의 대화)

'변화'가 모든 것이었던 인상주의자들과는 달리, 세잔은 순간 속에서 영원을 본다. 아침이면 대지로부터 솟아오르는 변화무쌍한 색채들이야말로 영원히 지속되는 삶이며, 세잔은 이 삶의 지속성을 표현하기 위해 생트-빅투아르를 쉼없이 그린다. 세잔은 생트-빅투아르 자체였다.

존재한다는 것은 끊임없이 변한다는 것이다. 우리는 끊임없이 변하고 있으며, 따라서 변화야말로 지속적이고 절대적인 것이다. 그러나 우리는 어떤 급격한 단절이 있을 때 비로소 변화를 인식한다. 예를 들어, 나무를 바라보는 우리의 시각상은 어느 한순간도 동일하지 않다. 보는 나도, 보이는 나무도, 보는 순간의 대기도 끊임없이 변한다. 그러나 우리는 기억에 의해, 방금 전에 본 나무와 지금 본 나무를 동일한 것으로 표상한다. 그러다 문득 노랗게 변해버린 나무를 보고서야 비로소 '변화'를 인식하게 되는 것이다. 그럼으로써 우리는 변화를 존재에 본질적인 것으로 보기보다는, 불연속적이고 양적인 차원에서 일어나는 것, 지속과는 대립적인 것으로 인식한다. 베르그송의 재미난 비유를 들자면, 이건 스톱워치를 옆에 놓고는 곡선운동에서 직선을, 멜로디에서 음표를 표상하는 사고방식이다.

원근법에 의해 구축된 회화 공간은 존재하는 모든 것들로부터 변화를 제거한다. 맨 앞의 회화평면으로부터 하나의 점을 향해 감으로써 공기의 원활한 흐름을 통제하고 내부와 외부를 가르며, 선으로 하여금 윤곽이기를 강요하는 공간. 이와 달리, 인상주의의 캔버스는 모든 것이 변화인, 변화가 모든 것인 공간을 만들어낸다. 그럼으로써 빛과 대상은 해방되었지만, 안타깝게도 해방되는 그 순간 사라지고 만다.

세잔은 이 모두를 넘어선다. 그에게 자연은 우선적으로 '진동'이며 '흐름'이다. 그러나 그 진동은 순간적인 점들로 존재하는 것이 아니라, 그 진동 속에서 스스로를 표현하는 우주적 힘에 의해 존재한다. 덧없는 순간들을 '꽉' 붙들어 세잔은 그것을 색채로 결합시킨다. 각각의 색면들은 자율적으로 운동하지만, 다른 색면들과의 관계 속에서 이 운동은 하나의 단단한 구조를 만들어낸다. 공간을 만들어내는 데 복무하던 색은 세잔에 이르러 무한한 운동을 통해 지속하는 시간(색 자체의 삶)을 만들어낸다.

색들은 그 자체로 절대적인 차이를 갖지만, 이것은 '빨강은 빨간색이다', '노랑은 노란색이다'라는 식의 차이가 아니라 다른 색과의 관계에 진입함으로써만 획득되는 생성적 차이이다. 세잔은 이 무한히 다양한 색들을 종합함으로써 인상주의의 덧없는 화면에 어떤 견고성을 부여한다. 세잔은 인상주의자들처럼 시각적 스펙트럼에 따라 색조를 분할하는 것이 아니라 색채적 뉘앙스의 점진적인 변조를 통해 색채감각에 뼈대를 부여한다. 색의 논리에 의해 회화는 감각되는 '신체'로서 스스로 서게 되며, 눈은 단지 보는 기관이기를 멈추고 사유하는 눈이 된다. 생트-빅투아르의 으르렁거림, 외침, 열을 간직한 바위, 엎드린 그림자……. 색은 자연의 약동하는 힘을 표현하기 위한 모든 것이다. "색은 아무런 욕망도 아무런 스토리도 없는 위안", "열반"이다!

클레, 미래의 민중을 기다리다

때때로 나는, 요소와 대상과 의미와 스타일의 전 영역을 망라하는 정말로 거대한 폭을 가진 작품을 꿈꾼다. 이것이 꿈으로 남을지도 모르지만, 때때로 그 가능성을 마음속에 새겨두는 것은 좋은 일이다. 서두를 것은 아무것도 없다. 가능성들은 커져가야, 스스로 커져가야 하고, 그 작품을 위한 시간이 도래한다면 더할 나위 없다. 우리는 그것을 추구해야만 한다. 우리는 부분들, 전체가 아닌 부분들을 찾아왔다. 우리는 여전히 민중을 결여하고 있다. 민중은 우리와 함께 있지 않기 때문이다. 그러나 우리는 하나의 민중을 찾는다.
(파울 클레, 「현대미술론」)

클레에 따르면, 예술가(artist)를 아마추어(layman)와 구별하는 것은 '과정'에 대한 사유의 유무다. 아마추어는 끝만을, 완결된 형태만을 생각하기 때문에 항상 유사성들을 찾는다. 즉 얼마나 '닮았는가'에만 집착한다. 반면, 예술가는 시각적 이미지를 시간과 공간에 제한되어 있는 특수한 경우로 간주하고, "모든 사물에 대한 비밀의 열쇠가 보존되어 있는 창조의 근본적인 근원"으로 이동하기를 더 좋아한다. 그에게 중요한 것은 '완성된 것'이 아니라 완성을 향해 나아가는,

끊임없는 '과정'이다. 그런 의미에서 예술가는 언제나 미완성된 것에 머무른다.

진정한 관객과 아마추어 관객의 구별 또한 이와 다르지 않으리라. 진정한 관객이란 작품의 '좋고 나쁨'을 가려내는 심판자라기보다 기존의 폭력적인 이미지들을 청소하는 자, 익숙한 것들을 통해 생성되는 흐름을 막고 기존의 배치 속에 삶을 가두려는 다수적 예술에 맞서 싸우는 자가 아닐까. 예술작품에서 삶의 피안을 찾으려는 자가 아니라 예술작품으로부터 삶의 위대함을 이끌어내는 자가 아닐까.

'민중미술'(혹은 '민중음악', '민중영화'…)을 정의할 수 있다면, 그것은 '민중'이라는 주제에 의해서보다는 그것이 기존의 질서로부터 빠져나가는 전복적 힘, 그리고 그것이 제시하는 새로운 감각의 비전에 따라서일 것이다. 그러므로 어떤 작품이 어떤 '주의'(主義)에 속하는가를 따지는 것은 우스꽝스러운 일이다. 예컨대, 나치의 미술이나 소비에트의 미술은 '민중'을 주제로 했지만, 그것은 흐르지 못하고 머물러 있는 관념적 민중'만'을 그리기를 강요했던 '다수자의 미술'이었다. 그러나 '미래의 예술'이 요구하는 것은 어느 곳에도 머물지 않고 흐르는 개별적 민중, "흩어졌다가 다시 결집하고, 요구하고 나섰다가 분한 눈물을 삼키며, 공격에 나섰다가 다시 반격"하기를 반복하는 유목적인 민중, 경계 안에 머무르기를 거부하고 틈 사이로 빠져나가는 삶을 구성하는 분자적인 민중이다.

그러므로 사실 어떤 것도 '민중미술'이 될 수 있다. 예술가 스스로가 그런 '민중'인 한에서, 새로운 조형언어를 보여주고 새로운 스타일을 만들어내는 한에서. 단지 새로움일 뿐인 새로움을 거부하고 새로운 차원으로의 열림을 가능하게 하며, 사유를 시작하게 하는 감각들을 창조하는 한에서.

우리는 끊임없이 묻는다. 뭐가 미래적인 것이고, 뭐가 민중적인 것이고, 뭐가 혁명적인 것이냐고. 하지만 어떤 예술이 '혁명적 예술'인지, 어떤 민중이 '도래할 민중'인지에 대해서는 알 수 없을 뿐만 아니라 알 필요조차 없다. 민중은 관념적인 구성물이 아니라 새로운 예술적 실험과 더불어 구성되는, 즉 그런 예술을 가능케 하고 또 그런 예술 덕분에 가능해진 현실적 구성물이기 때문이다. 때문에 클레가 기다렸던 '미래의 민중'을 미래에 존재할 이상적이고 완전한 형태의 민중이라고 오해하면 곤란하다. 클레가 찾는 '아직 오지 않은 민중'은, 모든 욕망과 감수성을 코드화하고 통제하는 '국가적인 것'에 반하는 힘들의 현재적 생성을 뜻한다. 지금 그 자리에서 새로운 삶을 구성하려는 일체의 행위, 그것이 혁명이고 그것이 미래다. 그리고 그것이야말로 가장 미래적인, '현재진행형'으로서의 예술이다.

쿠르베, 현실을 그리다

나는 모든 형태의 권위적 정부와 신권에 맞서 그들과 레슬링한다. 사람들이 자신의 욕망에 따라 스스로를 다스리기를 바라면서.(쿠르베)

1848년은 '견고한 모든 것은 대기 속으로 녹아버린다'는 맑스의 「공산당선언」으로 기억된다. 2월혁명과 함께 시작된 노동자운동은 견고해 보이던 자본주의에 일격을 가했으며, 자신의 운명에 대해 꿈꾸던 개인적인 낭만주의 대신 피압박 민중과 더불어 꿈을 꾸는 혁명적 낭만주의가 등장했다. 비참하고 견고한 기존의 체제는, 그런 꿈들에 의해 정말 금방이라도 녹아내릴 듯했다. 그러나 그해 6월, 혁명은 실패하고 노동운동은 진압되었으며, 나폴레옹 3세의 집권으로 이 모든 상황은 종결되었다. 하지만 실패한 혁명일지라도 언제나 '혁명의 교훈' 혹은 '혁명의 효과'는 남는 법. 1848년의 정치적 경험은 이른바 '리얼리즘 예술'을 잉태했고, 그 중심에는 '스캔들 메이커' 쿠르베가 있었다.

브레히트의 말대로, "아름다운 것은 반드시 의심해보아야 한다." 노동을 그리든, 죽음을 그리든, 누드를 그리든, 쿠르베는 고전적인 '아름다움'을 의심하는 것에서 시작한다. 그는 아름다움을 표현하기 위해 자연을 변형시키는 대신, 있는 그대로의 자연을 표현하기 위해 아름다움을 포기한다. 때문에 아무리 천사가 아름다워도 그는 천사를 그리지 않는다. 이유는 하나다. 본 적이 없기 때문이다! 쿠르베는 기존의 '아름다움'을 습관적으로 반복하는 대신 '보이는 것'을 그리기 시작했다.

그의 대표작 「석공」(1848)은 관념적 민중의 형상화라기보다는 노동하는 신체와 그 신체가 발 딛고 있는 대지의 신체를 형상화한 작품이라고 해야 할 것이다. 당시 「석공」을 본 어느 부르주아 비평가는, 그의 그림이 "농부들을 그렸기 때문이 아니라 인간의 본질에 위배되는 방향으로 그들을 표현"했다는 점에서 선동적이라고 비난했다. 돌 깨는 사람도 가치 있는 주제라는 걸 부정할 수는 없지만, "최소한 돌 깨는 사람이 그가 깨고 있는 돌만큼 무의미한 대상이 되지 않도록 해야 한다"는 것이 비난의 핵심이었다. 그러니까 문제는, 인간을 재현하는 쿠르베의 태도였다. 근대적 계몽이성으로 무장한 인간주의의 신봉자들에게는, 인간을 돌덩어리와 같은 태도로 재현한 쿠르베의 반휴머니즘적 '리얼리즘'이 도무지 용납되지 않았던 것.

쿠르베의 관심사는 '진리'나 '미'라는 낡은 개념이 아니라 "현실적인 것의 물질성"이었고, 그림 역시 그에게는 또 하나의 현실이고 물질이었다. 존재하는 물질들 사이에는 어떤 위계도 없다. 쿠르베의 인간은 돌만큼이나 아무것도 아니며, 그의 돌은 인간과 평등한 무게를 갖고 실존한다. '리얼리스트' 쿠르베가 보기에는 천사보다는 돌이, 신보다는 생동하는 동물들이 더 신적이고 정신적이었다. 그리고 미술이란, 그렇게 현실 속에 존재하는 것에 대한 가장 완전한 표현이었다.

리얼리즘은 현실의 반영도, 재현의 법칙도 아니다. 하나의 원칙을, 전형을, 완전성을 주장하는 순간, 리얼리즘은 리얼리티를 상실하고 만다. 따라서 리얼리티에 대립되는 것은 환상적인 것이나 상상적인 것이 아니라 이상적인 것과 모방적인 것이다. 쿠르베는 자명하다고 믿는 진리를 의심하고, 그것과 맞붙어 싸우고, 바로 그 자리에서 삶의 물질성과 미술의 리얼리티를 이끌어낸다. 유토피아란 결국, 지금 여기서 구성되고 있는 현실의 다른 이름이라는 것. 이것이 파리코뮌의 투사 쿠르베의 위대한 리얼리즘이다!

다다, 소수자의 웅성거림

모든 예술이 그러하지만, 다다(Dada)를 만든 것은 다다이스트가 아니라 시대였다. 다다는 시대가 만들어낸 강렬함이었고, 아찔한 현기증이었으며, 배설, 웃음, 고함이었다. 20세기 초의 전쟁은 상이한 방식으로 예술(가)을 미치게 했다. 그중 현대문명의 속도에 열광했던 미래파는 전쟁의 아름다움을 예찬하며 미쳐갔지만, 다다는 미술의 이름을 지우면서 미쳐갔다. 다다는 미쳐 도망치면서, "노래하고, 그리고, 찢어 붙이고, 시를 지었다".

다다는 예술에서 정신적인 것을 찾으려고도 하지 않으며, 예술로서 인간을(세계를) 구원하겠다는 야심은 더더욱 없다. 다다는 그저 시종일관 웃는다. "사람들은 우리가 떠들썩하니 터뜨리는 웃음을 통해 우리를 보다 잘 알아보았다."(한스 리히터) 웃음만큼 전염력이 강한 것이 또 있던가. 다다가 국제적 운동이 될 수 있었던 건, 웃음의 치명적인 전염력 때문이었을 것이다. 그들은 야단스럽게 떠들고 웃으면서, 예술의 경계를 묻고 예술가의 자의식을 주저 없이 내던진다.

다다를 규정할 수 있는 유일한 건 아마도 '소리들'일 것이다. 웃음 같기도 하고 울부짖음 같기도 한, 떠들썩하고 알아들을 수 없는, 마치 아이의 옹알거림 같은, 혹은 혁명 전야의 웅성거림과도 같은 다다의 지각불가능한 소리들, dadadada……. 그들은 '예술이란 이런 것이다'라고 훈계하는 대신, '이것도 예술일까?'라고 질문한다. 다다는 '미술은 무엇이다'라고, '미술은 이러이러해야 한다'라고 말하지 않는다. 다만 묻고 또 물을 뿐이다. 대체 이것도, 이래도 미술일까? 라고. 예술은 답이 아니라 질문이라는 것, 비장함이 아니라 유머라는 것, 그것이 다다의 교훈이다.

다다는 '주의'라기보다는 '운동'이며, '운동'이라기보다는 차라리 규정할 수 없는 '힘'이다. 다다에 이르러 예술은, 이러저러한 '정의'가 아니라 차이와 결함 자체로, 삶의 태도로서 존재하게 된 것이다. 거기에 걸작과 졸작, 아름다움과 추함, 좋은 것과 나쁜 것 같은 구분은 없다. 다다는 그저 ○○○이다. 다다는 ○○○이, 거꾸로 ○○○은 다다가 될 수 있다. 그러므로 다다를 정의하는 것은 다다를 죽이는 것이다. 다다를 규정하고, 다다에 다수적 권력을 부여하고, 다다의 영생을 갈망하는 순간 다다는 죽는다. 그것은 그저 그렇게 삐거덕거리며 움직이도록 내버려두어야 한다.

이런 점에서 다다는 모든 '소수적인 것'의 이름이기도 하다. 단일한 욕망을 공유하고, 단일한 척도에 의해 규정되는 획일적 대중이나 집합적 민중이 아니라 다양한 목소리와 몸짓으로 저마다의 삶을 펼치는 뭇생명[衆生]의 이름. 권력은 언제나 비장한 표정으로 죽음을 말하지만, 무참한 죽음의 땅 위에서도 죽음을 무릅쓰고 삶을 갈망하는 소수자가 있다. 웃으면서, 소리치면서, 연대하면서. 다다는, '지금, 여기서' 살기 위해 싸우는 모든 소수자의 웅성거림이다. 분노하고, 흐르고, 접속하고, 웃고, 고함치는, 모든 도주자들의 모호한 웅성거림이다.

워홀, 이미지의 팩토리를 세우다

상업 디자이너이자 화가이며 영화감독이자 인기에 죽고사는 '스타' 워홀 씨는 천박하게 웃고 떠들고 재잘거리면서 우아한 뉴욕 화단에 한바탕 소란을 만들어낸다. 워홀이 보는 세상은 심각하거나 심오한 어떤 곳이 아니다. 그것은 그저 이미지들의 표면, 소비되고 파괴되는 이미지들의 얇은 막에 불과하다. 뒤샹이 '레디메이드'를 가지고 기존의 미술이 가지고 있던 권위를 파괴했다면, 워홀은 이미지의 유희를 통해 미술을 가벼운, 한없이 가벼운 것으로 만들었다.

뒤샹과 달리 워홀은 사물이 아니라 이미지로부터 출발한다. 스타의 이미지, 정치인의 이미지, 사건의 이미지……. 그리고 그 이미지들을 다시 여러 이미지의 계열들로 무한 확장시킨다. 워홀의 작품들은 복제물의 복제물들인 것이다. 그렇다면 이 복제의 복제물, 예컨대 워홀의 마를린 먼로 이미지는 무엇을 지시하는가?

워홀의 이미지들은 그 어떤 지시작용도 거부한다. 그것은 그저 표면 위의 이미지들, 원본도 없고 유사성도 없으며 무한복제가 가능한 무의미한 이미지들일 뿐이다. 그 이미지들에서 우리는 어떤 작가적 흔적도 발견할 수 없다. 이미지들에서 어떤 '흔적'이 발견된다면 그것은 예술가-주체의 것이 아니라 기계의 것이다. 거기에는 그것이 재현한다고 여겨지는 '진본'의 사물도 없고, 작가가 의도했을 법한 지고한 이념도 없다. 오로지 이미지들이 유희를 벌이는 표면만이, 계속되는 반복만이 있을 뿐이다. 그러나 이 반복 속에는 어떤 균열이 있다. 워홀의 이미지에서 우리는 미세한 차이들, 대상으로도 주체로도 환원되지 않으면서 무한히 다르게 반복되는, 그러다 어느 순간 그 이미지 자체를 무너뜨리는 표면의 시뮬라크라들과 조우하게 된다. 공장에서 무한히 생산되는 상품처럼, 미디어에서 끊임없이 자기복제되는 이미지처럼, 워홀은 익숙한 이미지들을 판화로 '복제'하고 '생산'함으로써, 작가의 '창조성'과 미술작품의 '미학적 권위'에 대해 질문한다. 작가는 창조자라기보다는 생산자이며, 작품은 미학적 존재라기보다는 소비되는 상품이 아닐까, 라고.

워홀은 미디어를 통해 매 순간 소비되고 재생산되는 대중적 이미지들을 '미술관 속의 고급미술'이라는 맥락에 침투시킨다. 이제 대중문화와 고급문화, 키치와 클래식은 서로가 서로를 모방하기에 이른다. 미술은 노골적으로 상품성을 지향하고, 상품은 은근히 예술성을 지향한다. 존 버거의 지적대로, 팝 아트의 혁명성은 예술로 하여금 '자본주의 사회에서 모든 예술은 상품'이라는 것을 숨김없이 자백하도록 했다는 점에 있다.

워홀은 작품에서 작가의 흔적을 완전히 지운다. 그는 미국을 숭배하지만 영화를 통해 미국의 치부를 드러내고, '부자든 가난한 사람이든, 대통령이든 거지든' 똑같이 마실 수 있는 코카콜라(자본주의적 취미)의 획일성을 드러내면서, 마약중독자와 동성애자 같은 다양한 소수자들과 더불어 작업했다. 이 아슬아슬한 줄타기를 즐기면서, 워홀은 이미지를 복제하고, 복제된 이미지를 또 복제한다. 워홀에 이르러 미술은 작가의 창조물이 아니라 물리적 현실 그 자체에 속한 것, 미학의 중압감으로부터 벗어난 가벼운 유희가 되었다. 워홀은 '아방가르드 대 키치'라는 이분법을 비웃으면서 대중문화에 혁명성을 담고, 고급문화에 웃음을 부여했다.

거기, 미술이 산다 — 대추리와 최병수

유배라는 말이 갖는 어떤 비극성 같은 게 있다. 자신의 삶의 자리로부터 추방된다는 것. 그것은 단지 공간을 바꾸는 문제가 아니라 지금까지의 모든 관계를 바꾸는 문제고, 때문에 모든 유배는 '존재의 사활(死活)'이 걸린 문제다. 하지만 어쨌든 살아남기만 하면, 유배당한 자에게는 언제고 돌아갈 기회가 온다. 문제는 돌아갈 땅마저 빼앗긴 채 추방당한 자들, 국가 '안'에서 난민이 되어버린 자들의 유배다.

대추리. '참여정부'의 시대에 강제로 추방을 명령당한 자들이 사는 땅. 미국의 패권전략을 완성시키기 위한 국가의 폭력과 파괴가 공공연히 자행되는 곳. 대추리는, 이미 추방당한 자들이 살고 있는 유배지이자 '국가 안의 외국'이다. 하지만 거기, 대추리에는 여전히 씨를 뿌리는 농민들이, 이미 파괴된 건물 위에서 작업을 하는 예술가들이 살고 있다.

최병수라는 이름은 낯설지만, 87년 거리에서 우리의 외침을 대신했던 '한열이를 살려내라!'라는 그림은 지금도 익숙한 이미지로 떠오른다. 그것은 그 시대였고, 그때를 살았던 우리들이었다. 최병수의 그림뿐 아니라, 그 시대의 '민중미술'은 그렇게 민중들 '사이에', 혹은 '길 위에' 있었다. 하지만 1990년대 중반 이후 많은 민중미술가들이 자신의 아뜰리에로 숨거나 역사 속에서 화석화된 것과는 달리, 최병수 작가는 지금 대추리에 있다. 작가는 그곳 대추리에서 농민들과 함께 싸우고 있다. 거기서, 농민들이 농사를 짓듯이 작가는 작품을 짓는다.

80년대 민중미술의 '민중성'은 '민중'을 형상화했다는 사실이 아니라, 작가들이 작가와 작품의 존재를 '몸으로 사유'하기 시작했다는 데 있다. '몸으로 사유'했다는 말은, 미학적인 이상에 기대는 대신 작가와 작품이 처해 있는 생산 조건 속에서 스스로를 사유하고, 그런 '생산자'로서의 경험 속에서 대중들과 연대할 수 있는 지점들을 고민했다는 뜻이다. 여기에 민중미술이 갖는 힘이 있었다. 미술관에 안치된 민중미술이 형식적으로 초라하게 느껴지는 건 우연이 아니다. 형상의 역동성과 작가의 치열함을 드러내기엔, 흰 벽은 너무 창백하고, 또 지나치게 거만하다.

'아름다움'에 대한 욕망이 끔찍하게 느껴질 때가 있다. 예컨대, 멀쩡하게 잘 살고 있는 삶의 터전을 짓밟고서 거기에 아름다운 뷰(view)를 감상할 수 있는 인공도시를 짓겠다는 욕망 같은. 죽음 위에 건설되는 아름다움이라니! 난 갈수록 사람들이 문화적으로, 예술적으로 되는 게 무섭다. 문화와 예술이 삶 속으로 스며들고, 그렇게 삶 속에 스며든 예술이 다른 벡터를 갖고 변이하는 것이 아니라, 삶에 대해 명령하고 삶에 대한 우월성을 주장하고, 그렇게 점점 더 자본의 생태를 닮아가는 걸 보는 일은 정말이지 섬뜩하다.

대추리, 거기엔 집집마다 많은 벽시와 벽그림들이 그려져 있고, 많은 조형물들이 설치되어 있다. 그것은 그 자체로 거대한 감동이다. 하지만 그것이 감동인 건, 그림과 시와 조형물들의 '예술성' 때문이 아니라, 그것들이 거기서 대추리의 농민들과 함께 묵언의 투쟁을 하기 때문이다. 올해도, 내년에도, 그리고 그 다음 해에도, 대추리 땅에 씨가 뿌려지기를, 그리고 대추리의 집과 수목들처럼 최병수의 작품들도, 벽시도, 벽그림도, 거기서 오래오래 살아가기를, 마음을 다해 소망한다.

예술-하기,
아직 오지 않은 우리들의 예술

동물원의 원숭이, 구경하는 인간
동물원 우리 안에 갇힌 원숭이도 우리를 보며 좋아할까? 구경하는 자와 구경당하는 자의 슬픈 만남. 동물원, 가장 반동물적이고 반자연적인, 동물들의 끔찍한 천국.

**다비드 테니르스, 「브뤼셀 화랑에 있는 레오폴드 빌리엄 대공」(1650~51년/위)
루브르미술관(아래)**

기준 없이 번잡하게 나열된 귀족들의 그림 창고(위)와 달리, 시대별·작가별로 일목요연하게 정리된 미술관(아래)은 일정한 질서에 따라 우리를 인도한다. 고독한 미술품들이 우리에게 '구경'되기를 무료하게 기다리는 곳. 우리는 왜 미술관에 가는 걸까?

앙드레 말로와 그의 『상상의 박물관』 책 표지(1952년판)
입장료 무료, 관람 시간 연중무휴! 언제, 어디서든, 내 맘대로 지을 수 있는 무허가 박물관! 여러분이라면 어떤 재료로 그 미술관을 채우고 싶으신지?

피에르 프란체스코 알베르티, 「로마의 회화학교」(16세기/위)
드니 디드로의 『백과전서』에 있는 화학자의 작업실(1752년/아래)
한쪽에서는 시체 해부 실습이, 한쪽에서는 기하학적 탐구가, 또 다른 쪽에서는 조각상에 대한 연구가 이루어지는 16세기의 회화학교는 요즘으로 치면 일종의 종합연구소였다. 형태에 대한 연구를 통해 새로운 형상을 창조하는 예술과, 이런저런 물질들을 연구하여 새로운 물질을 만들어내는 화학자는 어딘지 닮은 데가 있지 않은가?

칸딘스키, 「구성 VII」(1913년)
색의 대비와 운동에 관한 칸딘스키의 노트. 칸딘스키의 노트는 색의 명암과 온난에 따른 물리적·정신적 운동과 감각을 실험한 결과물이며, 그의 '즉흥적인' 듯한 그림들은 이 같은 실험들을 적용한 구성물이다. 화가, 색채와 형태의 연금술사!

프랑시스 피카비아, 「활기 없는 자연」(1920년)
저 원숭이가 세잔의 초상, 렘브란트의 초상, 르누아르의 초상이라니?! 분노하거나 슬퍼하지 말고 웃어라. 혹 정말 참지 못하겠거든, 침을 뱉거나 부숴라. 제일 나쁜 건 멍하니 서서 감상하는 거다.

미켈란젤로, 「천지창조」(시스티나 성당 벽화, 1508~12년)
흙을 빚어 아담을 창조한 신. "아담의 포즈와 그 아름다움, 미술가의 붓끝이라기보다는 그 창조자의 출현을 다시 한번 느끼게 하는 아름다움이다."(바사리)

플럭서스(Fluxus)의 퍼포먼스
피아노를 연주하는 것뿐 아니라 피아노를 부수는 것도 예술이다. 하긴, 소리를 내고 행위를 한다는 점에선 다를 게 없다. 파괴를 위한 파괴가 아니라면, 때론 파괴도 창조적일 때가 있다.

문신을 한 원시 부족의 전사
모델도 계획도 없는 예술. 땅속 개미의 형상, 하늘 위 구름의 형상, 바람이 스치는 나뭇잎의 형상은 모두 이들의 미술책이다. 자신이 공감한 세계를 자신의 몸에 새기는 자들이 보여주는 우주적인 변신.

루이지 루솔로, 「자동차의 역동성」(1911년)
헤드라이트를 켜고 도로를 질주하는 자동차. 더 빨리! 더 빨리!! 더 빨리!!! 오로지 빠름의 속도에만 길들여진 신체가 도달하는 곳은 어디일까?

「생의 무용, 다섯 손가락 그룹」
작가 아닌 작가의 작품 아닌 작품. 이 기이한 형상은 스위스 바젤의 수감자가 급식용 빵을 씹어서 만든 것이다. 혼자 밴드를 조직하고, 연주를 상상함으로써 감옥 안에서 감옥을 탈출하기! 아르 브뤼 작가들은 미쳐서 작업한 게 아니라, 그런 작업을 통해 자신의 광기를 떠난다.

사이먼 로디아의 건축물(전체와 부분)
33년간 '아무 이유 없이' 쌓아 올린, 설계도도 참조물도 없는 건축. 남들이 보기에 '무의미'하기 짝이 없어 보이는 작업을 지속할 수 있었던 이유는 뭘까? 남들에게 인정받기 위한 예술이 아니라 자신을 치유하기 위한, 회복제로서의 예술.

「임소요」(2002년)

도시에서의 성공을 꿈꾸며 시골집을 가출한 두 소년. 하지만 성공은커녕 그들을 밀어내기만 하는 비정한 도시. 마침내 사제폭탄을 만들어 은행을 털기로 하지만 조작 미숙으로 죽고 만다. 대중가요 「임소요」는 부모님에게 보낸 그들의 마지막 편지였다. "운명은 진정한 사랑을 갈라놓았으니 내 어찌 당신을 잊으리오……." 영화 「임소요」는 그들의 못다한 삶에 바치는 선물이다.

거미줄을 통해 온몸으로 감각하는 거미
"거미는 아무것도 보지 못하고 지각하지 못하고 기억하지 못한다. 거미는 거미줄 꼭대기에 올라 앉아서, 강도 높은 파장을 타고 그의 몸에 전해지는 미소한 진동을 감지할 뿐이다. 이 미소한 진동을 감지하자마자 거미는 정확히 필요한 장소를 향해 덤벼든다. …… 거미줄과 거미, 거미줄과 신체는 하나의 동일한 기계이다."(질 들뢰즈, 『프루스트와 기호들』 중)

조지 잭슨의 옥중 편지 『솔대드 형제』(1994년)
"내가 도망간다는 건 있을 수 있는 일이지만, 도망가면서 내내 나는 무기를 찾는다."(조지 잭슨) "도주는 사형 선고에 대한 최종적이고도 유일한 불복 행위이다."(엘리아스 카네티) 죽거나 도망치거나!

동물의 마음을 읽는 템플 그랜딘
"나는 소와 감각적 교감을 이룬다. 소가 차분히 있을 때면 나도 차분해지고, 뭔가 잘못 되어 고통스러워할 때는 나도 함께 아픔을 느낀다. 내 목표는 가축의 고통을 줄여주고 가축을 다루는 방식을 개선하는 것이다. …… 내 감정적 삶은 사람보다는 동물의 그것에 더 가까워 보일 수도 있겠다는 생각이 든다. 내 감정은 더 단순하고 뚜렷하며, 소가 그렇듯 장소와 관련된 감정적 기억을 갖고 있기 때문이다."(그랜딘, 『나는 그림으로 생각한다』 중)

작업 중인 유켈스
밥을 먹으면서 맛을 논하는 대신, 밥을 지은 사람의 노동, 쌀을 경작한 농부들의 노동을 사유하는 예술가. 작품의 미적 가치에 앞서, 예술과 예술작품을 지속시키는 삶의 가치에 대해 질문하는 예술가. "예술은 누구의 것입니까?"

「가게무샤」(1980년)
영화가 된 그림들. 어떤 상황에서도 묵묵히 아직 오지 않은 시간들을 준비하는 이들에겐 최악의 조건도 절대적 불행이 되지 못한다.

「윌로씨의 휴가」(1953년)
잔잔하고 고요한 세계에 소용돌이와 소음을 만드는 윌로씨. 그런 그에게는 일상이 곧 축제다.

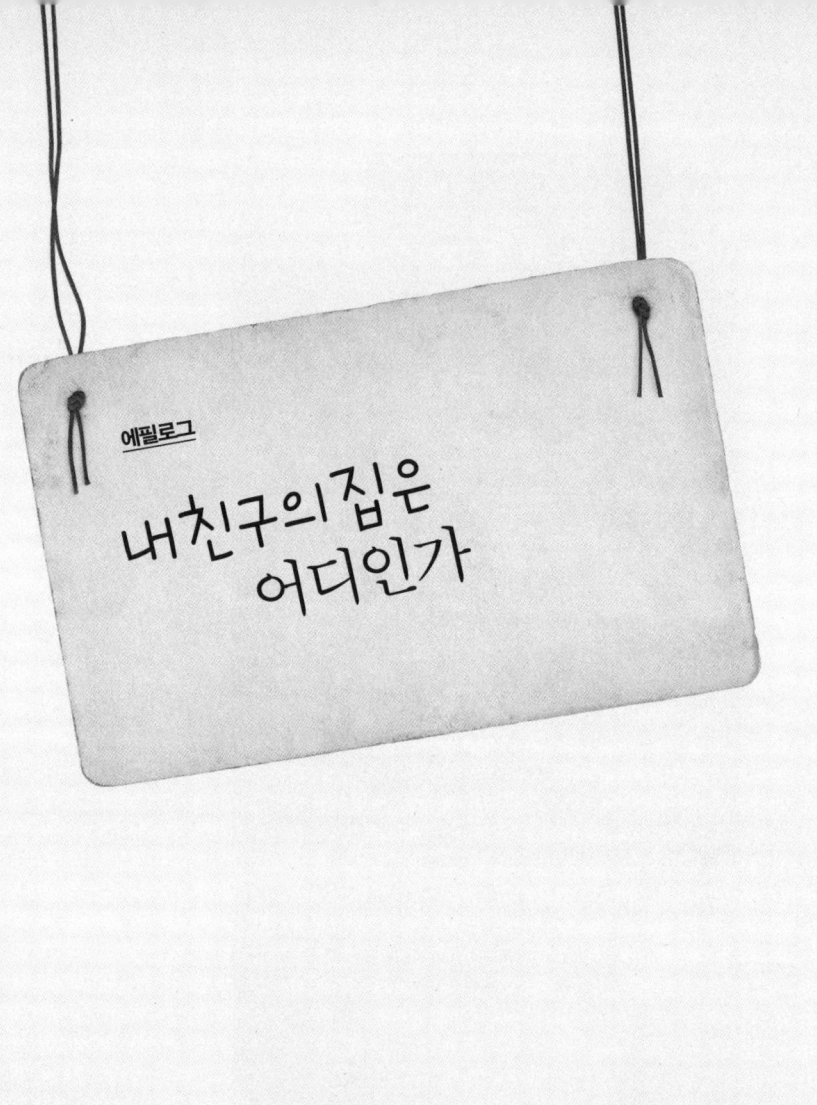

에필로그

내 친구의 집은
어디인가

아바스 키아로스타미의 영화 「내 친구의 집은 어디인가」는 실수로 친구의 노트를 가져온 아이가 친구의 집을 찾아 헤매는 영화다. 노트를 전달하지 못하면 지각쟁이 친구는 내일 또 선생님에게 호된 야단을 맞을 게 뻔한 터라, 아이의 걱정은 이만저만이 아니다. 친구가 사는 동네를 밤늦도록 헤맸건만 친구가 사는 집은 어딘지 알 수 없고, 친구를 봤다는 사람도 없다. 그래서 아이는 결심한다. "그래, 내가 친구의 숙제까지 하자!" 다음 날, 친구가 노트를 펼치자, 거기엔 자신을 대신해서 밤새 숙제를 써내려간 아이의 우정과 작은 들꽃 한 송이가 꽂혀 있었다.

이 영화는 '내 친구의 집'에 관한 영화가 아니라 '내 친구의 집은 어디인가'라는 물음에 관한 영화다. 결과만 놓고 보면, 노트는 끝내 친구의 손에 전달되지 못했고, 아이는 하루 종일 친구의 집을 찾느라 시간을 낭비했고, 밤새 친구 몫까지 숙제를 하느라 몸을 '혹사'했고, 게다가 선생님에게 거짓말까지 한 셈이다. 하지만, 그런 건 그리 중요한 게 아니야, 라고 감독은 말한다. 친구의 집을 찾아 수도 없이 지그재그 길을 오르내리면서, 아이는 진심으로 친구를 걱정했고, 친구가 사는 마을을 가보았고, 친구가 지각하는 이유를 알게 되었고, 여러 사람들을 만났기 때문이다. 정말 중요한 건, 그 '길' 위에서 벌어진 모든 것, 그리고 나 아닌 다른 존재에 대한 애정이다.

내 친구의 집을 찾아가는 과정, 그게 바로 예술이 아닐까? 자신이 아닌 다른 사람들을 이해하게 되고, 공감하게 되고, 그럼으로써 다른 감수성들을 갖게 되는 것. 세상에 대해 논평하고 근심하는 대신, 지그재그 길을 오르내리고, 가보지 못한 세계를 경험하고, 누군가를 위해 작은 선물이 되어주는 것. 친구의 집을 찾아 친구에게 노트를 '전달'해주는 것이 아니라, 친구가 지난 길을 지나고, 그 친구가 되어보는 것. 예술이란, 존재하는 것들 사이에 피어나는 세상에서 가장 아름다운 우정이 아닐까? 예술가란, 친구의 집을 찾아가는 그 아이 같은 존재가 아닐까?

간혹 학생들이 물어온다. 작품을 보고도 아무것도 느껴지는 게 없을 땐 어떻게 하느냐고, 혹은 작품을 보고 '필'이 확 오면 그걸로 작품을 이해했다고 할 수 있느냐고. 그러면 나는 넌지시, 하지만 단호하게 말한다. "그러니까 공부해야 하는 거예요. 자신을 너무 믿지 마세요!^^"

나는 하루아침에 세상을 떠들썩하게 만드는 천재들을 잘 믿지 않는다. 고가에 경매되는 작품들에도 별 관심이 없다. 또 자신의 느낌만을 근거로 삼아서 이러쿵저러쿵 떠들어대는 수다에는 귀 기울이지 않는다. 나를 흔들고 깨우치는 것은 꾸준하고 묵묵하게 배움의 길을 걸으면서 자신의 경계를 넘어가는 사람들이다. 1년을 걸려 길을 만드는 사람과 한 시간 만에 누군가가 만들어놓은 길을 어슬렁거리며 걷는 사람. 하지만 길을 만드는 사람의 1년은 어슬렁거리는 사람의 한 시간보다도 훨씬 빠르다. 그의 1년은 앞서 길을 만든 모든 사람의 역사를 담고 있을 것이기 때문이다.

예술가가 집을 짓는 곳은 예상되는 것, 상식적인 것, 가능한 것의 영역이 아니라 보이지 않는 것, 예기치 못한 것, 불가능해 보이는 것의 영역이다. 그런 예술가만이 우리를 생각하게 하고, 우리 자신과 세상에 대해 질문하게 하고, 우리의 낡은 감수성을 깨부수고 새로운 감수성의 영역에 도달하게 해준다. 아마도 그럴 때만 예술은 모두를 위한, 모두에 의한, 모두의 것이 되리라.

의식적으로는 누구나 자유로운 척할 수 있다. 하지만 내 몸의 세포 하나까지 자유롭기란 정말 어려운 일이다. 세상에 대해서는 가장 진보적인 제스처를 취하면서도 정작 자신의 학문이나 일상적인 삶에서는 아주 보수적인 사람들을 종종 본다. 그건, 그저 의식만 진보적인 척하는 것일 뿐, 그의 신체가 바뀌지 않았기 때문이다. 정말 혁명적인 변화는 감수성의 변화, 지각과 감각의 변화다. 그건 일상을, 관계를, 즉 삶을 바꿔야 하는 문제이기 때문이다.

예술은 우리가 처한 여러 가지 조건과 규정들에 대해 질문한다. 예컨대 익숙한 인간의 지각에 대해, 성(性)에 따른 감각에 대해, 우리가 알고 있는 세상에 대해, 예술은 설명하는 대신 질문한다. 말로 구구절절 늘어놓는 대신 직접적으로 우리의 감수성에 파문을 일으킨다. 때문에 예술이 던지는 질문은 훨씬 직접적이고 구체적이다. 예술이 우리에게 유용한 이유는, 그처럼 우리에게 새로운 존재의 느낌과 새로운 지각을 선물하기 때문이 아닐까? 예술은 단지 예술 작품을 생산하는 것이 아니라, 새로운 나와 새로운 관계, 새로운 느낌을 생산하는 행위가 아닐까? 아니, 바로 이런 것이야말로 '미래의 예술'이어야 하지 않을까?

이 책을 읽은 독자들이 전과 조금이라도 달라졌다면, 거기서부터 '예술'은 이미 시작된 것이다. 예술을 찾아 떠나지 말고, 삶 속에서 예술을 '실천'하시길! 여행은 여기서 끝났지만 우리는 아직도 길 위에 있다. 그리고 머지않아 또 다른 여행이 시작되리라. "얼마나 많은 것이 아직도 가능한가! 그러니 그대들 자신을 넘어서 웃는 법을 배우도록 하라. 그대 멋진 춤꾼들이여, 활짝, 더욱 활짝 가슴을 펴라! 호방한 웃음 또한 잊지 말고!"(니체)

에드 우드, 욕망하는 소수자들의 이름
—팀 버튼의 「에드 우드」

인물 찾아보기

에드 우드, 욕망하는 소수자들의 이름
— 팀 버튼의 「에드 우드」

스스로 생각건대, 내가 지닌 유일한 가치란 과거의 규범들을 그냥 지나치는 법이 없이 반드시 실험을 해본다는 것이다. 내게 힘을 솟게 하는 일은 오직 실험뿐이다. 알다시피 나는 예술작품이나 다음 세대 혹은 명성에 관심이 없다. 실험 자체가 주는 즐거움만이 나의 관심사이다. 오로지 실험을 할 때에만 나는 진정 나 자신이 정직하고 성실하다는 것을 느낀다. 나를 흥미롭게 하는 것은 행위 자체이지 결과물이 아니다.(오손 웰즈)

1. 팀 버튼과 에드 우드, 두 괴물의 조우

어느 영화사 책을 뒤져보더라도 '에드 우드'(Edward D. Wood Jr, 1824~1978)라는 이름을 발견하기란 쉽지 않다. 어렵사리 찾아낸 몇 가지 사실들이라고는 고작해야, 그가 데뷔작「글렌 혹은 글렌다」(1953)를 비롯하여 '말도 안 되는 영화' 몇 편과 하드코어 섹스필름을 찍은 후 포르노그라피 각본가로 생을 마감했다는 것, 그리고 죽은 지 2년 후에(1980) 그의 영화「외계로부터의 9호 계획」이 '세계 최악의 영화'로 선정되는 '영예'를 안게 되었다는 것 정도다. 덧붙여, 그의 영화적 특질들이 평론가 짐 호버만에 의해 이론으로 부활됨으로써 50년대 할리우드의 획일적인 스튜디오 시스템에 가장 역설적으로 대항했던 감독으로 뒤늦게나마 인정받게 되었다는 '훈훈한' 사실도. 삶이 몇 마디의 단어로 요약가능한 것이 아닐진대, 이런 몇몇 '사실들'이 어찌 에드 우드의 삶을 말해줄 수 있을 것인가. 팀 버튼 역시 이 점을 알고 있었던 모양이다. 그래서 에드 우드의 일생을 나열하고 거기에 자신의 주석을 다는 대신에 에드 우드가 보여주는 영화와 삶에 대한 태도를 자신의 그것과 결합함으로서, 영화「에드 우드」속에서 '에드 우드 효과'라고 부를 수 있는 어떤 강렬한 에너지를 발산시킨다. 이 영화에서 팀 버튼이 보여주고자 했던 것은 '에드 우드 전기(傳記)'가 아니라 에드 우드로부터 생성되는 거대한 '삶 자체'였던 것이다.

'케인은 대체 어떤 인물이었는가.' 우리는「시민 케인」의 '케인'이 어떤 사람이었는지를 알기 위해 '로즈버드'라는 단어 하나를 손에 쥔 채 그의 삶을 따라가보지만, 케인에 대한 주변 사람들의 기억은 모두 다르고, 따라서 영화가 끝나고 나서도 여전히 케인이 어떤 사람이었는지를 단정하기는 어렵다. 하지만 역설적이게도, 바로 그렇기 때문에 '케인'은 우리에게 더욱더 매력적인 인물로 다가온다.「시민 케인」에서 분명한 한 가지 사실은 그 모든 기억들이 '케인'을 이루는 요소들이라는 사실, '케인'이란 인물은 결국 그 '궁전'의 수많은 '잡동사니 컬렉션'과도 같은, 모든 요소들의 불확정적인 조합물이라는 사실이다. 즉, 한 인간이란 결국 그가 행하는 모든 것, 그가 만나고 발명하고 찾아헤매는 모든 것이라는 사실.

팀 버튼 역시 "에드 우드의 사고방식과 타인들이 그에 대해서 가지고 있는 이미지 사이의 간격"(『키노』, 1996년 10월호에 실린 미셸 시망과의 인터뷰를 참조)에 착목하여, '그는 이런 사람이었다'고 규정하고 평가하는 대신 에드 우드의 목소리와 몸짓과 표정, 그리고 그의 만남들을 통해 '에드 우드'라는 인물을 흐르는 다양한 힘들, 그를 이루는 무수한 요소들을 보여준다. 이런 점에서 보자면, 「에드 우드」는 오손 웰즈를 사랑한 에드 우드와 에드 우드를 사랑한 팀 버튼, 이 너무나 다르면서도 묘하게 닮아 있는 세 인물의 '힘들'이 관류하는 영화이며, 그 각각의 세 인물은 나머지 두 인물들 사이에 하나의 선 혹은 블록을 형성하는 매개로 기능한다.

질 들뢰즈가 지적한 대로, "삶에는 어떤 사람의 경우에는 매력(charme)이 되기도 하는 일종의 서투름, 병약함, 허약한 체질, 치명적인 말더듬기"가 있다(들뢰즈, 『디알로그』). 에드 우드의 '서투른 재능', 벨라 루고시의 '시대에 뒤떨어진 연기', 오손 웰즈의 '치명적인 고집스러움'……. 한 인간의 행위에서 보이는 이런 특질들은 대부분의 사람들에게 '병'이나 '악'으로 간주되지만, 어떤 사람들에게는 한 번 더 바라보기 위해 발걸음을 멈추지 않을 수 없게 하는 '매력'으로 받아들여지기도 하며, 이것은 누군가의 삶의 방향을 예기치 못한 곳으로 돌려놓을 수 있을 만큼 강렬한 것이다. 에드 우드와 함께 영화를 만드는 동료들을 생각해보라. 그들은 모두 보통 사람들에게는 이해불가능한 어떤 '치명적 약점'을 가지고 있는 사람들이다. 색맹인 촬영기사, 여성이 되려 하는 남성, 동물 같은 살덩어리를 지닌 레슬링선수, 얼치기 심령술사 등등. 그러나 에드 우드는 다른 사람들에게는 '약점'이 되는 이들의 특질을 그들만의 고유한 '매력'으로 바꾸어 자신의 삶 속으로 끌어들인다. 마찬가지로, 그들 역시 다른 사람들이 비웃는 에드 우드의 행위를 '매력'으로 받아들이고 거기에 환호하며, 그의 '서투른 재능'에 찬사를 아끼지 않는다. 팀 버튼 역시 '최악'의 영화감독 에드 우드의 삶과 영화에서 어떤 '매력'을 발견하고는, 그 매력을 '훔쳐' 자신의 영화작업을 시작한다.

중요한 것은 창조의 과정과 거기서 얻어지는 기쁨이다. 그것을 에드 우드에게도 적용시켜야만 한다. 그에게 활기를 불어넣는, 우리가 그의 편지에서나 혹은 여자에 대한 추억에서 발견했던 불꽃, 그것이야말로 내가 그 인물을 좋아하는 이유이다. 할리우드에서 자기가 하는 일에 대한 여파나 결과, 그리고 스튜디오가 어떻게 생각할지, 또 박스오피스에서 어떻게 될지에 대한 걱정없이 단순하게 행복한 사람을 만난다는 것은 매우 드문 일이다. 이런 종류의 불안함이 지나치게 사람들의 머리 속을 지배하고 있다고 생각한다. 그리고 에드 우드가 뿜어내는 매력은 바로 이런 문제들에 대한 무관심이다.(팀 버튼, 미셸 시망과의 인터뷰, 『키노』, 1996년 10월호)

그러므로 영화 「에드 우드」로의 여행은 에드 우드의 기이하고도 낯선 삶을 따라가는 여행인 동시에 팀 버튼의 사유를 따라가는 여행이다. 아무도 알아주지 않는 '할리우드-정글'에서 알콜중독으로 죽어가면서도 자신이 「시민 케인」만큼이나 위대한 영화를 만들었노라고 말할 수 있었던 그의 천성적인 긍정성을 가능하게 한 힘은 무엇이며, 그의 '말도 안 되는 영화'에서 팀 버튼은 어떻게 '영화의 진정성' 혹은 '삶의 진정성'을 사유할 수 있었던 것일까. 죽은 자를 깨워 자신의 영화 속에서 영원히 살게 했던 에드 우드처럼 팀 버튼은 관 속의 에드 우드를 불러내어 자신의 영화 속에서 다시 살게 한다.* 살아난 시체들의 영화! 그도 그럴 것이, 자고로 "괴물들은 절대 죽지 않는 법" 아니던가. 심지어 "죽었을 때조차도"!

2. 두 개의 마주침 : 기쁨의 마주침과 슬픔의 마주침

---

* 나는 에드 우드의 영화를 한 편도 보지 못했지만, 팀 버튼의 「에드 우드」를 통해 에드 우드의 영화가 어떠했으리라는 걸 충분히 짐작할 수 있다. 이건 아마도, 팀 버튼이 에드 우드의 영화를 상세히 묘사했기 때문이 아니라, 그가 에드 우드의 영화제작 '과정'에 초점을 맞추고 있기 때문일 것이다. 그러나 설령, 팀 버튼이 묘사한 것과 실제 사이에 많은 차이가 있다고 할지라도 문제될 것은 없으리라. 어차피 팀 버튼이 아니었다면 어찌 나와 에드 우드의 만남 자체가 가능했겠는가. 그러므로 '팀 버튼의 「에드 우드」'를 전적으로 신뢰할 수밖에.

팀 버튼은 "만약 이 영화가 무엇인가에 '관한' 영화라면, 그것은 에드 우드와 벨라 루고시(Bela Lugosi, 드라큘라 백작 연기로 유명한 영화배우)의 '관계'에 관한 것"이라 말한다. 현존하는 개체는 어떤 하나의 정체성, 고정된 본성으로 규정되지 않는다. 한 개체의 형식을 구성하는 것은 특정한 배치 속에서 그가 맺는 다양한 관계들이며, 그렇기에 개체의 작용능력은 관계와 그것이 만들어내는 배치에 따라 끊임없이 변화한다. 영화 속에서, 에드 우드가 고비에 처할 때마다 그의 능력을 다시금 작동시키고 확장시켜 영화를 창조하도록 하는 계기는 예기치 못한 만남들과 새로운 관계들이다. 그러므로 팀 버튼의 말대로, 이 영화가 만약 무엇인가에 '관해' 이야기하고 있다면, 그건 끊어지고 이어지고 번식하기를 반복하는 '관계들' 자체인 것이다.

특히 에드 우드에게 다가온 세 번의 '기쁜 마주침'(벨라 루고시와의 마주침, 캐시와의 마주침, 그리고 오손 웰즈와의 마주침!)은 영화 자체를, 마주침을 조직하는 일종의 '자유로운 결사체'로서 그려내는 팀 버튼의 즐거운 사유를 펼쳐 보인다. 에드 우드는 「글렌 혹은 글렌다」를 찍으면서 벨라 루고시를 만났고, 「괴물의 신부」(1955)를 찍으면서 두번째 연인 캐시(Kathy O'Hara, 결국 에드와 결혼했다)를 만났으며, 「외계로부터의 9호 계획」(1957)을 찍으면서는 꿈에도 그리던 오손 웰즈를 만난다. 따라서 에드 우드에게 있어 영화는 새로운 만남을 가져다주는 매 계기들이자 그러한 매번의 만남들에 의해 형성되는 변화된 신체들 및 새로운 관계들의 합성물이며, '결과물'이기 이전에 생성되는 중인 '과정' 자체인 것이다.

스피노자에 따르면 관계들의 질서 안에는 두 종류의 마주침이 있다. 첫번째 마주침은 나의 본성과 일치하여 나의 관계와 함께 보존되는 신체와의 마주침으로, 이 마주침은 기쁨의 정념(passion)을 생산한다. 그러나 이와는 반대로, 나의 본성과 맞지 않는 신체와의 마주침, 나의 본성과 모순되며 서로의 관계를 파괴하는 두번째 마주침이 있다. 그리고 이 두번째 마주침은 나를 해치는 것에서 오는 슬픔의 정념을 산출한다. 그런데 이 두 가지 마주침들은 단지 기쁨과 슬픔이라는 정념을 산출하는 것에 그치는 것이 아니라, 우리의 작용능력에 영향을 미친다. 즉, 첫번째의 '기쁜' 마주침이 우리의 작용능력을 증대시키는 데 반해서, 슬픔의 감정을 생산해내는 두번째 마주침들은 우리의 작용능력을 감소시킨다. 첫번째 마주침이 새로운 관계들을 형성해낼 수 있는 '약'과 같은 것임에 반해, 두번째 마주침은 항상 관계를 파괴하고 분해한다는 점에서 '독'과 같은 것이다.

에드 우드와 제작자(혹은 비평가)의 마주침, 에드 우드와 첫 애인 돌로레스의 마주침은 그런 점에서 두번째 마주침이라고 할 수 있다. 이 둘은 모두 에드 우드의 욕망을 부정하고 그것을 억압하는, 에드 우드의 본성과 '맞지 않는' 존재로서 에드 우드에게 '슬픔'을 주는 관계들이며, 에드 우드로부터 할 수 있는 힘들을 뺏는 방식으로 작용한다. 물론, 교인들이 「외계로부터의 9호 계획」의 제작비를 주기로 했을 때, 그리고 에드 우드를 비난하면서도 돌로레스가 에드 우드의 곁을 쉽게 떠나지 않았을 때, 에드 우드와 그들의 만남에서 얼마간의 '기쁨'이 생산된 것은 사실이다. 그럼에도 불구하고 이 '기쁨'은 진정한 기쁨이라고 할 수 없다. 스피노자는 "한 부분에서만 우리의 능력을 증대시키고 다른 곳에서는 그것을 감소시키는 '간지러움' 같은" 부분적 기쁨과, "증오하는 대상의 파괴를 보며 경험하는 기쁨으로, 따라서 여전히 슬픔"인 간접적 기쁨에 대해 말한다. 이런 관점에서 보자면 교인이나 돌로레스와의 마주침이 가져다주었던 기쁨은 단지 부분적이고 순간적인 기쁨일 뿐이다. 그들은 에드 우드의 영화를 보지도 않고서 그의 영화를 비난하며, '상식'에 입각해서 에드 우드의 사고와 행동을 부정한다.

그러나 에드 우드의 지속적인 힘과 끈기와 긍정성은 슬픔의 관계가 지닌 '독성'을 중화시킬 만큼 충분한 것이었기에, 그는 다시금 자신감으로 충만하여 자신의 기쁨을 주위에 전염시키면서 새로운 관계들을 조직해나간다. '기쁨의 마주침'은 우연처럼 불현듯 다가오는 것이지만, 삶의 모든 순간을 충분히 긍정하는 에드 우드와 같은 인물에게는 "필연적으로 이기게 되어 있는 주사위 던지기" 같은 것이다.

이런 점에서 에드 우드는 「크리스마스 악몽」의 잭, 혹은 「가위손」의 에드워드의 또 다른 이중체라고 할 수 있다. 잭, 에드워드, 에드 우드는 모두 '선한 의지'를 갖고 긍정적인 무언가를 찾아 헤매지만, 다른 인물들은 그들을 위험하고 무섭고 미친, '부정적' 인물로 인식한다. 그래서 번번이 그들의 창조와 발명은 '사회' 속에서 길을 잃고 만다. 그러나, 팀 버튼 영화의 미덕은 그럼에도 불구하고 좌절하거나 절망하지 않는 그들의 '타고난 긍정성'을 끝까지 밀어붙인다는 것이다. 팀 버튼의 인물들이 '소수자'일 수 있는 이유는 바로 여기에 있다. 수동적으로 '이탈되는' 것이 아니라, 끊임없이 딴 데로 눈을 돌리며 열(列)을 이탈하고야 마는 그들의 선천적 '분열성'!

첫번째, 벨라 루고시와의 마주침
「글렌 혹은 글렌다」를 만들기 위해 제작자를 찾아 갔다가 낙담해서 돌아오던 에드 우드는 자신의 '마지막 관'을 맞추러 다니던 벨라 루고시와 운명처럼 조우한다.

"영화보다 실물이 더 공포스럽군요."
"고맙네."

'공포스러움'이라는 벨라 루고시의 매력에 찬사를 보내는 에드 우드와, 잊고 있던 자신의 매력을 통해 영화에 대한 애정을 되찾는 벨라 루고시. 바로 이 순간 공포영화를 매개로 기괴하게 들어맞는 두 신체의 리듬. 에드 우드는 벨라 루고시의 표정과 몸짓 하나에도 진정한 애정을 표현하며, 그 두 신체의 마주침을 바라보는 팀 버튼의 카메라는 앙각(仰角, 올려본 각)과 어두운 실내, 그림자의 표현을 통해 기꺼이 벨라 루고시의 공포스러운 매력을 극대화한다. 그리고 이때부터 에드 우드와 루고시의 마주침은 새로운 관계를 합성하면서 서로의 능력을 증대시키는 방식으로 작동하기 시작한다. 제작자와 비평가로부터 무시당한 후 자신의 재능을 의심하며 낙담해 있던 에드 우드는 벨라 루고시를 만남으로써 「글렌 혹은 글렌다」를 완성하게 되고, 드라큘라를 밀어낸 프랑켄슈타인과 자신을 버린 할리우드를 원망하면서 죽음을 욕망하던 마약중독자 벨라 루고시는 에드 우드를 만남으로써 죽음이 아닌 새로운 삶을 욕망하기 시작한다.

벨라 루고시가 자신의 죽음을 바로 앞에 두고서도 영화를 찍고 싶다는 욕망을 가질 수 있게 된 것, 또 병원에서마저 쫓겨난 최악의 상황에서도 카메라 앞에 서서 꽃향기를 맡으며 인생의 아름다움을 찬미할 수 있었던 것은 에드와의 만남이 그에게 가져다준 삶의 '기적'이었다. 루고시는 조명도, 음향도, 게다가 소품도 엉망인 상황에서 혼신을 다해 연기하고, 진심으로 에드의 능력을 찬탄한다("에디는 하루에 20~30 장면을 찍어. 대단해!"). 에드 우드 또한 루고시가 되어 대사를 쓰고("이제 이 버림받은 정글에서 난 내 말이 맞았음을 증명하였도다 …… 고향? 내겐 고향이 없다. 쫓기고 경멸당하면서 동물처럼 살아왔다. 정글이 내 고향이다. 난 내가 세상의 주인임을 널리 알릴 것이다."), 그의 연기에 진심으로 감동한다. 나아가 시체를 살리는 영화 속의 9호 계획대로, 그는 죽은 루고시를 영원한 현재형으로 부활시킨다.

할리우드의 그 누구도 에드 우드의 작품을 알아주지 않았으며, 그 누구도 더 이상 '한물 간 마약중독자' 벨라 루고시의 연기를 보려 하지 않았지만, 그럼에도 불구하고 그들은 영화를 매개로 서로를 긍정하고 영화와 삶을 사랑한다. 서로의 존재를 통해 기쁨을 느끼고, 그 힘으로 최선을 다해 자신이 할 수 있는 것을 한다. 기쁨의 마주침.

두번째, 캐시와의 마주침

에드 우드는 불안한 순간마다 여자로 변장하여 앙고라 스웨터와 하이힐에서 위안을 얻는다.* 그러나 이런 그의 행위가 해석되어야 할 어떤 특별한 의미를 함축하고 있는 것은 아니다. "그냥 그렇게 할 뿐"(팀 버튼)이다. 그러나 모든 언어, 모든 행위를 어떤 식으로든 '의미화'해야 하는 사람들에게 있어 그것은 '변태적'이고 '미친' 행위로 부정된다. 그것은 '남성성'이라고 규정된 것에서 이탈한 것이며, 이는 곧 사회의 '정상적 가치'를 거부하는 '위험스러운' 것으로 인식되기 때문이다. 이런 의미에서 영화사의 제작자들은 물론 첫번째 연인 돌로레스는 지배적인 가치에 길들여진 '다수자'라고 할 수 있다. 그러나 이들과는 달리, 에드 우드의 영화 동료들과 두번째 연인 캐시는 그런 에드 우드를 있는 그대로 자연스럽게 받아들인다.

---

* 배트맨과 펭귄맨,「슬리피 할로우」의 목 없는 기사 등 팀 버튼의 영화에는 얼굴을 가리거나 심지어 얼굴 자체를 갖지 않은 인물들이 자주 등장한다. 에드 우드의 '복장도착' 역시 이와 같은 맥락에서 파악할 수 있다. 팀 버튼은 '가면'(mask)이야말로 억압적인 사회로부터 우리를 해방시켜주는 매개라고 생각한다. '남성성'이 지배하는 전쟁터에서 에드 우드는 여자의 속옷을 입고 전쟁의 억압과 공포를 벗어난다. 또 주변으로부터 자신의 창조와 능동성을 억압당할 때마다 에드 우드는 앙고라 스웨터를 입고 다시 웃으면서 메가폰을 잡는다. 에드 우드에게 있어 '여성의 옷'은 불안해하고 두려워하고 의심하는 자신을 해방시켜, 다른 정념의 상태로 이동하게 하는, 다른 자아로 변이하게 하는 일종의 '마스크'인 것이다.

에드 우드 : "난 여자 옷을 즐겨 입어요. 취미로 하는 거예요."

캐시 : "여자랑 섹스를 하지 않는다는 뜻인가요?"

에드 우드 : "아뇨. 섹스야 좋아하죠."

캐시 : "알았어요."

잠에서 깨어난 에드 우드는, 앙고라 스웨터를 입고서 앙고라 털실을 짜고 있는 캐시를 본다. 만들고 입는 두 신체의 꼭 들어맞는 리듬. 물의 흐름을 자연스럽게 받아들이는 물고기들처럼 캐시는 에드 우드의 신체 리듬을 자연스럽게 탄다(='사랑'). 그리하여 누구보다도 그의 영화를 사랑하고 즐기며, 몸을 날려서까지 그의 능력을 보존하고, 자신을 매개로 관계를 증식함으로써 에드 우드의 능력을 배가시킨다. 기쁨의 마주침.

그리고 세번째, 오손 웰즈와의 마주침

팀 버튼에 의해 상상된 이 세번째 마주침이야말로 어쩌면 이 영화를 관통하는 가장 중요한 마주침일 것이다. 이것은 영화사의 1등 및 꼴찌와 더불어 영화에 대한 팀 버튼의 애정을 고백하는 마주침인 동시에 '영화를 만든다는 것'에 대한 그의 사유를 보여주는 마주침이다. 에드 우드는 앙고라 스웨터까지도 위안이 되지 못할 만큼 자신의 인생에서 가장 절망적이었던 순간 꿈에도 그리던 오손 웰즈를 만나게 된다.

"만나 뵙고 싶었습니다."

"오손 웰즈요."

"전 에드워드 우드입니다."

"무슨 작품을 하고 계시나요?"

"돈키호테를 하다가 제작비가 떨어졌어요."

"이럴 수가. 제 처지와 똑같군요."

"항상 돈이 말썽이죠. 누가 허풍쟁이이고 누가 진짜인지 분간이 안 가요. 그리고 전부 쓸데없는 참견을 하죠."

"제 제작자는 영화를 잘라버리기까지 한답니다."

"그럴 땐 정말 화가 나요."

"자기 친구들을 출연시켜 달라고 하구요."

"누가 아니래요. 유니버셜에서 스릴러를 하나 하기로 했는데 찰톤 헤스톤에게 멕시칸 역을 맡기라는 겁니다."

'일등' 오손 웰즈 역시 자신과 마찬가지로 욕망을 억압하는 것들에 의해 고통받는다는 사실을 알게 된 순간, 지배적 영화문법을 도도하게 거슬러 자신만의 영화언어를 창조해낸 일등과 꼴등, 그 두 신체의 꼭 들어맞는 영화적 리듬이 화면을 흘러넘친다. 이 순간, 영화의 모더니즘을 있게 한 영화사의 '최고' 감독 오손 웰즈와 사상 '최악'의 감독 에드 우드의 경계는 사라져버리고, 대신 이 두 할리우드 '강적들' 사이에는 거대한 생성의 블록이 형성된다. 그리하여 마침내, 어린아이 같은 얼굴로 자신을 바라보며 "웰즈씨, 그래도 해야 하나요?"라고 묻는 에드 우드를 향해 오손 웰즈가 던지는 다음 대사는, 에드 우드의 것인지 오손 웰즈의 것인지 팀 버튼의 것인지 모를, 그러나 분명 그 모두의 것임에 틀림없는, 긍정적이고 능동적인 소수자의 비전을 제시한다.

"좋은 작품이라면 해야죠. 내가 소신대로 만들었던 작품이 뭔지 알고 있소?「시민 케인」이요. 영화사에선 싫어했지만 한 장면도 건드리진 못했죠. 에드, 소신이 있다면 싸울 가치가 있는 겁니다. 왜 남의 꿈을 위해 당신의 삶을 낭비합니까?(Ed, visions are worth fighting for. Why do you spend your life for someone else's dream?)"

팀 버튼은 이 세번째의 기쁜 마주침을 통해 에드 우드의 능력을 최대화한다. 스튜디오로 돌아온 에드 우드는 다시 메가폰을 잡고 카메라를 돌린다. 그리하여 자신의 예술을 간섭하고 방해하려는 제작자와 싸우면서 끝내 '세계 최악의 영화'를 기쁘게 완성시킨다. 이런 에드 우드에게 이미 '세계 최고'나 '세계 최악'이라는 수식어는 아무런 의미가 없다. 그는 진심을 다해 자신의 꿈을 찍었으며, 그러기 위해 최선을 다해 싸웠을 것이므로. 또 그의 목표는 어떤 어려움이 있어도 자신의 꿈을 찍는 것이었을 뿐 인정받는 감독이 되는 것이 아니었으므로. 이런 점에서 오손 웰즈는 에드 우드가 변이의 선, 탈주의 선을 그리면서 나아가도록 만드는 하나의 촉매이자, '에드 우드'라는 사막에 서식하는 다양한 종족들 중의 하나이다.

    좋은 것과 나쁜 것, 고상한 것과 저질스러운 것, 최고와 최악의 경계가 사라지고, 서로 다른 방식으로 할리우드 안에서 할리우드 밖을 사유했던 일등과 꼴등이 공존하는 이 순간, 우리에게 남는 것은 그들이 보여주는 공통적인 삶의 태도이다. 그들이 삶을 사랑한 방식과 그들이 삶을 창조해가는 방식. 또한 그들이 자신으로부터 할 수 있는 힘을 뺏는 '슬픔의 관계'들을 파괴하고, 자신의 본성에 맞는 새로운 관계를 만들어나가는 방식. 인간 에드 우드와 영화 「에드 우드」를 이루는 것은 바로 이 모든 마주침들, 이 모든 기쁨의 관계들이다. 고다르의 표현을 빌자면, '에드 우드'야말로 욕망하는 영화기계들의 외침과 숨소리와 소음들로 웅웅거리는, 작지만 거대한 "제작소"인 것이다.

3. 할리우드 속의 非 할리우드, 혹은 내재하는 외부

팀 버튼의 말대로 에드 우드는 "할리우드에 없으면서 할리우드에 있는" 존재다. 그러나 보다 정확히 말하면 그는 '할리우드에 있으면서 할리우드에 없는' 존재이다. 물론 이것은 팀 버튼에게 적용되는 말이기도 하다. 할리우드의 이분법적 선악의 경계를 허물어버린 기이한 블록버스터 「배트맨」이나 성스럽고 환한 크리스마스를 비웃으면서 어둡고 기괴한, 그러나 유쾌한 크리스마스를 창조해낸 「크리스마스의 악몽」 같은 작품들은 할리우드 '안에서' 만들어진 영화임에도 불구하고 늘 할리우드 '밖에' 있다. 대기 속을 떠다니다가 갑자기 도처에서 출몰하는 유령들처럼, 팀 버튼-에드 우드 커플이야말로 관습과 상식의 기대를 여지없이 깨면서 자신의 시대를 거스르는 할리우드의 '괴물들'인 것이다. 할리우드 속의 비(非)할리우드, 혹은 할리우드의 사각지대(死角地帶).

에드 우드가 데뷔작「글렌 혹은 글렌다」를 발표했던 1950년대는 미국 영화사에서 여러 모로 중요한 시기였다. 특히 영화 자체의 존재방식에 있어서 무엇보다도 중요한 사건은 1952년 처음으로 전국에 1년 내내 TV의 네트워크가 적용되었다는 사실이다. TV의 보급으로 영화를 보는 행위는 TV 시청으로 대체되어 버리며, TV에 관객을 뺏긴 제작사가 장편영화를 TV 드라마로 제작하면서부터 이전에 B급 영화가 하던 역할을 대신하게 된다. 따라서 군소 영화제작사들은 TV와의 경쟁에서 살아남기 위해 보다 '화끈한' 소재, 영화에서만 보여줄 수 있는 보다 '센세이셔널한' 소재를 찾게 된다(잭 C. 엘리스, 『세계영화사』, 16장을 참조).──"못 사는 사람들은 변태 영화를 좋아하지." (영화에 등장하는 「글렌 혹은 글렌다」 제작자의 대사)

에드 우드의 첫번째 영화 「글렌 혹은 글렌다」는 "남자가 여자로 되는" 충격적인 소재를 영화화하고 싶어했던 한 저질 제작사에서 태어난 일종의 기형아다. 다시 말해 「글렌 혹은 글렌다」는 음성적으로 저질 포르노 제작을 부추기던 50년대 할리우드의 한복판에서 태어났으나, 전혀 그 기대에 부응하지 않았던 아주 이상한 작품이다. 저질 영화만을 전문적으로 취급하는 삼류 제작자조차 이 영화를 두고 이렇게 말하지 않는가. "그런 저질을 누가 보려 하겠어?" '일류-권위'의 기준으로 가치평가된 '삼류 저질'에 의해 '저질'로 심판받는 이 괴상한 아이러니!

매카시즘과 냉전의 보수주의 속에서 에드 우드는 "성전환 영화"를 만들려고 했던 제작자의 기대를 가볍게 무너뜨리고 "두 개의 인격을 가진 인간에 대한 영화"를 만들었으며, "단물만 빨아먹고 가차없이 버리는" 할리우드에 의해 폐물이 되어버린 벨라 루고시를 감동적으로 부활시켰다. 그리고 여장을 한 자신을 비웃고 혐오하는 할리우드의 폐쇄적인 영화판에서 조금도 굴함 없이 "수백만 관객에게 신천지를 열어주는 선각자 역할"을 하기를 바랐다. 오손 웰즈도 아닌 자신이 오손 웰즈처럼 감독, 각본, 배우, 제작을 혼자 다 해냈다는 점에 기뻐하고 또 기뻐하면서.

깊이감을 상실한, 유난히 평면적인 화면이라든지, 이미지와 내러티브의 독특한 관계, 그리고 정통적인 플롯 개념의 무시 등 팀 버튼의 카메라를 통해 재생된 에드 우드의 영화들은 당시의 고전적인 할리우드 영화문법들을 훌쩍 벗어나 있다. 특히 「괴물의 신부」나 「외계로부터의 9호 계획」 같은 영화들은 모두 제작비가 몇 천불도 안 되는 '저예산 수공업 SF'(이 어울리지 않는 단어들의 조합!)라는 점, 그리고 어처구니없이 엉성하고 비논리적인 미장센 등에서 공통적인데, 에드 우드의 미장센은 이를테면 이런 식이다. 물조리개로 표현되는 폭풍우, 문을 여닫을 때마다 흔들리는 세트, 성냥불에 폭파되는 종이로 된 비행접시, 배우에 의해 움직이는 가짜 문어, 낮장면과 밤장면의 뒤섞임, 그리고 무의미한 조명과 인물들의 포즈 등등. 그러나 에드 우드는 이런 미장센의 허점들이야말로 영화의 "사실성"(reality)을 보장하는 것이며, 영화라는 "거대한 작업"에서 그런 "사소한 것"쯤은 아무래도 상관없다고 생각한다. 일례로 벽이 흔들렸는데 다시 안 찍냐고 묻는 촬영기사에게 "오히려 사실적이잖아! 현상해!"라고 말하는 식이다.

비논리적인 것은 미장센만이 아니다. 에드 우드의 영화는 서로 무관한 필름들을 즉흥적으로 뒤섞어 버림으로써 내러티브의 연속성마저 파괴해 버린다. 즉, 카메라가 내러티브를 뒤따라가는 것이 아니라 거꾸로 내러티브가 화면(카메라가 보여주는 것)에 의해 즉흥적으로 규정된다. 예를 들어, 카메라기사가 버리기 전에 보여준 필름 속 장면들이나 루고시의 죽기 직전 모습을 담은 장면은 영화의 내러티브에 규정되지 않는 그 자체의 고유한 가치만으로 영화의 흐름에 접속된다. 따라서 에드 우드의 영화에는 '해석'되어야 할 이미지는 없고 묘사된 이미지만 존재한다.

즉, 에드 우드의 영화에는 '여성-되기' 중에 있는 개체(말 그대로, '글렌 혹은 글렌다'), 해저의 멋진 문어, 무덤에서 살아난 시체들, 먼지를 일으키며 달리는 소떼, 전투장면 등등, 어떤 단일한 주제를 위해서가 아니라 그 자체로 존재하는 이 모든 이미지들의 '상호기능'(co-functioning)이 있을 뿐이다. 이런 의미에서 에드 우드가 창조한 이미지는 '올바르고 정확한' 모델-이미지를 참조하지 않으며 이미지 외부의 어떤 것도 필요로 하지 않는, 그 자체 뿌리도 방향도 갖지 않는 '리좀적 이미지'라고 할 수 있다.

에드 우드는 '가짜'를 '진짜처럼' 보이게 하려고 애쓰는 것이 아니라 '가짜' 그대로를 보여줌으로써 오히려 화면에 "진정한 존재성"을 부여하며, 역동적 삶을 단일한 내러티브에 종속시키는 대신 내러티브가 인물의 실제적 삶과 행위에 스며들도록 한다. 그리하여 그의 화면 속에서 진짜와 가짜의 경계는 모호해지며, 현실과 영화는 합체된다. 삶을 벗어나는 '상상으로서의 영화'가 아닌, 삶으로서의 영화, 영화로서의 삶.

그 영화(「외계로부터의 9호 계획」)는 사람들에게 그것이 진짜라는 인상을 주는 이상한 특성을 지니고 있었다. 영화 속의 배경화면에는 기이한 현실성이 감돌고 등장인물들의 언어나 줄거리의 분위기는 묘했지만 그 영화가 그리 나쁘다고 생각되지는 않았다. 오히려 그것은 그 반대로 어떤 진정한 존재성을 가지고 있었다. 사람들은 그 영화를 보고 웃어댔지만 개인적으로 나는 그 영화에서 항상 어떤 심오함을 발견했다.(팀 버튼, 미셸 시망과의 인터뷰)

오늘날 테크놀로지의 발달과 영화의 관계를 생각해볼 때, 이런 기이한 특질들은 더욱 의미심장하게 다가온다. 오늘날의 영화는 상상을 초월하는 테크놀로지의 발달에 힘입어 '진짜보다 더 진짜 같은' 가짜를 만들어냄으로써 실재와 허구, 현실과 영화 간의 문제들을 제기한다. 그러나 에드 우드의 영화는 '가짜'(허구)의 '가짜임'(실재)을 보여줌으로써 허구에 실재성을 부여하고, 허구 자체가 갖는 진실성을 옹호한다. 이런 이유로 팀 버튼은 '저예산 수공업 SF'인「외계로부터의 9호 계획」의 '티나는 가짜 세계'에서 할리우드의 '초특급 SF 블록버스터'에는 찾아볼 수 없는 '진정한 존재성'을 감지할 수 있었던 것이다.

영화 한 편을 만들기 위해 에드 우드는 무수한 난관들에 부딪치고 온갖 굴욕들을 감수해야 하지만, 그러면서도 결코 자신의 영화작업을 중단하지 않는다. 영화를 사랑하는 그의 스텝들 또한 '진심으로' 그 과정에 함께 한다. 할리우드에 있으나 결코 할리우드에 짐을 풀지는 않으며, '누군가를 죽이기 위해서가' 아니라 '자신들이 살기 위해' 무기를 움켜쥐고 힘겨운 영화판에서의 전투를 기꺼이 즐기는 '에드 우드 밴드'!

영화의 마지막을 보고 나서야 우리는 비로소 이 영화의 처음 장면이「외계로부터의 9호 계획」에 대한 팀 버튼의 오마주였음을 알게 된다. 번개가 내리치는 무덤과 거대한 문어가 사는 해저를 거쳐 토성 주위를 비행하는 종이-우주선으로부터 내려다보이는 할리우드. 이 오프닝 장면은 극장으로부터 시작해서 위로, 다시 화면의 뒤쪽으로 빠르게 이동하는 마지막 장면의 카메라 운동과 대칭을 이룬다. 그러니까 이 영화는, 할리우드 밖에서 할리우드를 조망하는 것으로부터 시작하여 할리우드 안으로 들어갔다가, 다시 그곳을 빠져나와 할리우드 밖으로 날아오르는 것으로 끝이 난다. 미련 없이 경쾌하게, 그러나 언제든 다시 돌아올 수 있다는 듯이 카메라는 폭우가 쏟아지는 하늘로 가뿐하게 비상한다. 그것이 에드 우드의 카메라인지 팀 버튼의 카메라인지는 알 수 없다. 그러나 아무래도 상관없다. 영화의 엔딩과 함께 에드 우드와 팀 버튼, 이 두 고유명사는 할리우드의 非할리우드, '내재하는 외부'를 의미하게 된다.

4. 삶을 욕망하는 영화기계, 창조로서의 긍정

우리가 에드 우드의 삶으로부터 배울 수 있는 것은 그의 욕망이 외부의 기준점을 참조한 것이 아니라 자기 내부로부터 생산된 것이라는 점이다. 그는 그저 자신이 할 수 있는 것을 한다. 누군가로부터 인정받기 위해서가 아니라 자신의 삶 그 자체를 위해서. 그리고 자신이 할 수 있는 것을 하기 위해 만남들을 조직한다. 다른 사람들에게 이런 그는 '프랑켄슈타인'만큼이나 낯설고 부정적인 존재이지만, 그는 그런 외부의 시선 따위에 자신의 삶을 못박지 않는다. 심지어 그가 자신의 재능을 부정하고 낙담할 때조차, 그것은 자신이 할리우드가 원하는 것(관객이 원하는 것)을 할 수 없다는 이유 때문이 아니라 자신이 할 수 있는 것을 다 하지 못할 것에 대한 두려움 때문이다.

　에드 우드는 한순간도 다수자의 욕망을 꿈꾸지 않는다. 내가 오손 웰즈처럼 훌륭한 영화를 만들 수 있다면… 좋은 영화를 만들 수 있는 제작비가 많이 있다면… 스타배우를 등장시킬 수 있다면… 그렇다면, 그렇다면… 그러나 이미 다수적인 이런 욕망은 그렇지 않은 자신의 현실을 '결여'로 파악하게 하며, 따라서 현재의 삶을 부정하도록 만든다. 그러나 에드 우드는 '내가 오손 웰즈처럼…'이 아니라 '나는 오손 웰즈와 똑같이 위대하다'고 생각한다. '제작비가 많다면…' 하고 자신의 현실을 비관하는 대신 다른 영화의 10분의 1도 안 되는 제작비로 여러 편의 영화를 만들 수 있는 자신의 밴드를 자랑스러워하면서 제작자를 찾으러 다닌다. 잘 나가는 스타배우가 등장하는 영화를 부러워하는 대신 '스타' 벨라 루고시를 만난 사실에 어린아이처럼 들떠한다. "우드는 최악의 상황에서조차 항상 긍정적이었다. 당신이 그의 글을 읽는다면, 그가 자신이 위대한 영화를 만들고 있으며, 「시민 케인」을 만들고 있다고 생각했었다는 걸 알게 될 것이다. 죽기 직전에 쓴 편지에서, 우드는 자신이 위대한 삶을 살았으며 위대한 영화를 만들었다고 적었다. 그러나 실제로 그는 버려졌고, 알콜중독으로 죽어갔다."(팀 버튼 인터뷰. 에드 우드의 삶에 대한 유일한 자료는 루돌프 그레이가 펴낸 에드 우드의 자서전 『엑스터시의 악몽』으로, 이 책이 영화의 원안이 되었다고 한다.)

에드 우드의 개인적 삶은 비참하고 고통스럽고 결국 '실패한 것'으로 끝났지만, 그건 단지 '다수자'의 관점에서만 그러할 뿐이다. 삶에서 문제가 되는 것은 '고통의 유무'가 아니라(고통없는 삶이 어디 있겠는가) '고통에 대한 태도'다. 고통에 압도당할 것인가, 고통을 삶의 생명력으로 전이시킬 것인가. 에드 우드는 자신에게 주어진 멸시와 고통마저 삶을 욕망하는 긍정적 힘으로 전이시킨다. 에드 우드와 그의 동료들이 왁자지껄하게 지나가고 나면 '객관적인 악조건'은 '최상의 호기(好機)'로 변화된다. 삶 그 자체가 기적인 것이다.

매 장면마다 배우들의 대사를 따라하면서 "퍼펙트!", "감동적이야!"를 연발하고, 온갖 모욕적 비평들에 대해 "지금까지 본 것 중 최악이에요? 다음엔 좀 낫겠죠"라며 응수한다. 다른 사람의 욕망을 짓밟고 그 슬픔 위에서 자신만의 기쁨을 향유하는 역겨운 자만(自慢)이 아니라, 창조의 과정과 거기서 얻어지는 기쁨을 향유할 줄 아는 즐거운 자만("감독, 각본, 배우, 제작을 제가 혼자 다 하죠." / "그걸 다하는 사람이 어딨어요?" / "두 사람이 있죠. 오손 웰즈 그리고 저예요."). 이런 에드 우드에게 할리우드가 달아주는 '최고/최악의 명찰' 따위는 조금도 중요치 않다. 그는 최선을 다해 영화를 만들고, 진심으로 그 과정을 즐기면서 스스로에게 '최고'의 가치를 부여한다. 뿐만 아니라 영화를 통해 '쓸모없는 인간들'(성도착자, 바보, 마약중독자…)에게 자신의 기쁨을 전염시키고 새로운 가치를 부여함으로써 그들의 역량을 증대시킨다.

니체는 자신의 무거운 짐을 견디면서 '예'라고 밖에는 대답하지 못하는 나귀에 대해 말한다. '아니오'라고 말하는 법을 알지 못하는 나귀의 긍정. 그러나 "이러한 종류의 긍정이란 단지 견디는 것, 있는 그대로의 실재에 묵묵히 따르면서 자신을 떠맡는 것"일 뿐이다. 즉 인정으로서의 긍정, 현재의 있는 그대로의 질서에 대한 긍정은 여전히 짐을 진 채 끙끙거리는 잘못된 긍정이다. 긍정한다는 것은 책임을 지거나 현재 존재하는 것의 짐을 떠맡는 것이 아니라 반대로 짐을 풀어버리는 것이며 머무는 것이 아니라 끊임없이 변이의 선들을 넘는 것이다. 기존의 짐들을 인정하거나 참거나 견디는 것이 아니라 그 짐을 벗어버리고 새로운 가치를 만들어내는 것, 지금까지와는 다른 방식으로 생각하고 행동하는 것이다. 그렇기 때문에 긍정하는 것은 곧 창조하는 것이다.

팀 버튼이 기억해낸 에드 우드의 삶은 비정상과 정상의 가치, 걸작과 졸작의 가치, 현실과 영화의 가치 등등 가치를 변이시키는 과정 그 자체이다. 그는 할리우드가 감독에게 요구하는 모든 고통을 기쁨으로 변이시키면서, 온갖 무거움들을 가벼움으로 변이시키면서 자신의 길을 간다. "프랑켄슈타인 박사와 같은 광기와 정열을 가지고"(팀 버튼) 미친 듯이, 최선을 다해.

'분노'나 '증오' 혹은 '반대'라는 표어는 현실 속에서 종종 너무나 무력하다. 그것은 하나의 명령을 가시처럼 피부 깊숙한 곳에 박아두고 고통스러워하는 사람들, 가시를 참고 견디는 노예들의 표어다. 물론 증오조차 하지 못하는 인간들이 있다. 그러나 단지 증오하기만 하는 것, 파괴하기만 하는 것은 소수자를 여전히 단일한 중심의 '주변부'에 머무르게 할 뿐이다. 문제는 거기서 한 걸음 더 나아가는 것이다. 명령에 그저 반하는 것이 아니라 명령을 솜털처럼 가벼운 것으로 만들어버리는 것, 그리하여 미끄러지듯 변이의 선을 타는 것. "'무엇인가에 반대하는 존재'를 향하기보다는 오히려 행동을 지향하는 '무엇인가를 향한 존재'"를 향하는 것, 그리하여 지배적 질서를 "아래로부터 침식하려는 영역들에서 꽃들이 만발하게" 하는 것(가타리·네그리, 『자유의 새로운 공간』). 다르게 사유하고 다르게 사는 것!

에드 우드의 삶에서처럼, 우리의 삶에서도 가장 행복한 순간에 마저 비가 퍼부을는지도 모른다. 그러나 삶을 긍정하는 자에게 비는 곧 그칠 것이다. 에드 우드의 말대로 "어쩌면 모퉁이를 돌자마자 그칠지도" 모른다. 그러나 혹 그치지 않고 계속 내린대도 절망할 일은 아니다. 가시밭을 파괴하고 그 위에 꽃 한 송이를 심고 있을 욕망하는 소수자는 여전히 도처에 존재할 것이므로. 그리고 새로운 만남을 조직하면서 기쁨을 전염시키는 또 다른 '에드 우드들'이 어딘가에서 우리와의 만남을 기다리고 있을 지도 모르는 일이니 말이다. 이제, 그들과의 '기쁜 마주침'을 위해 우리가 떠날 시간이 되었다.

영화를 만든다는 것은 항상 마법사가 자신의 정열을 쏟아붓는 것과 같다. 우리들이 영화를 만들 때는 프랑켄슈타인 박사와 같은 광기와 정열을 가지고 일을 하는 것이 사실이다. 또 영화를 만들 때는 무엇이 만들어질 것인지 결코 알지 못한다. 그것은 아름다운 일이다. 영화에 담고자 하는 어떤 아이디어를 가지고 미친 듯이 일을 한다. 그것은 천재적인 작업이다. 그리고 그것은 결국 무엇이 될지 잘 알지 못하지만 갖가지 기묘한 요소들을 모두 조합하는 것이다.(팀 버튼)

인물 찾아보기

고다르(Jean-Luc Godard, 1930~) 264
프랑스의 영화감독. 누벨바그 운동의 선구자로, 전통적 서사구조를 파괴하고 새로운 실험을 해온 작가이다. 「네 멋대로 해라」(1960)가 대표적인 문제작.

(반) 고흐(Vincent van Gogh, 1853~1890) 30~31, 33, 39, 75~76, 114, 127, 136, 141, 148, 152, 160

네덜란드의 화가. 화상 점원, 목사 등 여러 직업에 종사하다가 1885년부터 그림을 그리기 시작한 그는 인상주의를 넘어서 강렬한 색채의 세계를 이루어냄으로써 현대 화가들에게 많은 영감을 주었다. 주요 작품으로 「밤의 카페」(1888), 「빈센트의 방」(1889), 「코르드빌의 초가집」(1890년경) 등이 있다.

구달(Jane Goodall, 1934~) 119

탄자니아에서 40년 넘게 침팬지와 함께 한 세계적인 침팬지 연구가이자 환경운동가이다. 주요 저서로 『내 친구 야생 침팬지』(1967), 『무지한 킬러들』(1971), 『인간의 그늘 아래서』(1971) 등이 있다.

구로사와 아키라(黒澤明, 1910~1998) 202~203

일본의 영화감독. 1943년 「스가타 산시로」를 감독하여 영상의 아름다움을 높이 평가받았다. 「라쇼몽」(1950)과 「7인의 사무라이」(1954) 등 다수의 작품이 국제영화제에서 인정받아 일본 영화의 존재를 세계적으로 알렸다

그랜딘(Temple Grandin, 1947~) 198~199, 240

자폐인 동물학자로서, 『나는 그림으로 생각한다』(1996), 『동물과의 대화』(2005) 같은 저서에서 동물과의 교감을 통해 '인간만이 가진 자폐'를 극복하고 동물과 인간의 공존 가능성을 모색했다.

김득신(金得臣, 1604~1684) 33~34, 37
조선시대의 문인. 그는 머리가 나빠 친구들에게 비웃음을 샀지만 끝까지 공부하는 것을 포기하지 않고 수천수만 번 책을 읽은 것으로 유명한 독서광이다. 『독수기』를 지어 자신이 만 번 이상 읽은 책에 대한 생각을 기록했다.

김홍도(金弘道, 1745~?) 82
조선 후기의 화가. 산수화·인물화·불화(佛畫)·풍속화 등 모든 그림에 능했던 화가였다. 본문의 「생황 부는 신선」은 30대에 그린 작품이다.

니체(Friedrich Wilhelm Nietzsche, 1844~1900) 24, 28, 38, 248, 272

근대의 극복과 왜소한 인간의 죽음을 주장했던 독일의 철학자. 그의 '위험한 책' 『차라투스트라는 이렇게 말했다』(1883~85)는 생의 긍정과 새로운 가치의 창조를 주장한 대표작이며, 이외에 『비극의 탄생』(1872), 『인간적인, 너무

나 인간적인』(1878~80), 『선악의 저편』(1886) 등의 저서가 있다.

다 빈치(Leonardo da Vinci, 1452~1519) 41~43, 79, 166

르네상스 시대의 천재적 미술가·과학자로서 르네상스의 사실기법을 집대성했다. 주요 작품으로 「최후의 만찬」(1498), 「모나리자」(1503~06) 등이 있고, 많은 양의 드로잉을 남겼다.

뒤뷔페(Jean-Philippe-Arthur Dubuffet, 1901~1985) 181
프랑스의 작가로, 앵포르멜(Informel) 미술의 선구자로 간주된다. 1948년 아르 브뤼라는 이름으로 분열증 환자들의 작품을 많이 수집했다.

뒤샹(Marcel Duchamp, 1887~1968) 100, 163, 168~170, 219
프랑스의 미술가. 1912년 뉴욕에서 동시성을 표현한 작품 「계단을 내려오는 누드」를 발표하여 반향을 일으켰으며, 1913년부터 레디메이드를 이용한 일련의 반-예술적 작품을 통해 다다이즘의 선구가 되었다. 대표적으로 「샘」(1913)이 유명하다.

드뷔시(Achille Claude Debussy, 1862~1918) 32

프랑스의 작곡가. 음색을 표면에 뚜렷이 내세우는 기법을 창안해 기능화성법에 의한 고전적인 조성을 극복했다. 주요 작품으로 관현악곡 「목신의 오후에의 전주곡」(1894), 오페라 「펠레아스와 멜리장드」(1893~1903) 등이 있다.

라우션버그(Robert Rauschenberg, 1925~2008) 98
미국의 미술가. 머리카락·돌 등의 오브제를 발라 붙인 콤바인회화와 실크스크린으로 시사적 화제의 이미지를 표현한 독특한 양식으로 팝아트의 중심적 존재가 되었다.

렘브란트(Rembrandt Harmenszoon van Rijn, 1606~1669) 52, 83

네덜란드의 화가. 세속적인 명성에서 벗어나 자화상이나 종교화 작업에 몰두하였다. 특유의 명암 효과를 사용하여 대담한 극적 구성을 시도하였고, 「야경」(1642), 「엠마오의 그리스도」(1648), 여러 편의 자화상을 남겼다.

로렌스 D. H. (David Herbert Lawrence, 1885~1930) 118

20세기 영문학을 대표하는 작가로, 시·소설·극·평론 등 다양한 분야에서 독창적인 사상을 펼쳤다. 대표 저서로 『아들과 연인』(1913), 『무지개』(1915), 『채털리 부인의 사랑』(1928) 등이 있다.

로렌스, T. E.(Thomas Edward Lawrence, 1888~1935) 65

영국의 학자이자 군인. 제1차 세계대전 발발 후 카이로의 육군 정보부에 부임한 후, 아랍독립전쟁에 참여했다. 이때의 경험을 기록한 『지혜의 일곱 기둥』(1926)은 아랍의 문화와 언어에 대한 그의 성찰을 담고 있다.

로트레아몽(Comte de Lautréamont, 1846~1870) 99

우루과이 출생의 프랑스 시인. 14세에 파리에 정주하여 문학에 몰두했다. 대표작으로는 산문시집 『말도로르의 노래』(1868)와 『시(詩) : 미래의 서적에의 머리말』(1870)이 있으며, 사후 초현실주의자들에 의해 높이 평가되었다.

루솔로(Luigi Russolo, 1885~1947) 234

이탈리아의 화가·음악가. 미래주의 운동에 참여하여 회화와 음악 영역에서 전위적으로 활동했다. 회화에서는 사물의 운동을 리드미컬하게 그려내 시간적인 표현을 드러냈으며, 음악에서는 소음음악을 추구하였다. 주요 작품으로 「자동차의 역동성」(1911), 「물질을 초월하여」(1938) 등이 있다.

루쉰(魯迅, 1881~1936) 68

중국의 문학가이자 사상가로서 그의 문학과 사상은 모든 허위를 거부하는 정신과 언어를 바탕으로, 현실에 뿌리박은 강인한 사고를 뚜렷이 부각하고 있다. 주요 작품으로 「광인일기」(1918), 「아Q정전」(1921) 등이 있다.

르누아르(Pierre Auguste Renoir, 1841~1919) 230

프랑스의 화가. 담백한 색조와 명확한 선으로 고전적인 경향의 작품을 그리다가 이후 풍부한 색채와 원색대비를 통해 원숙한 작품을 그렸다. 주요 작품으로는 「샤토에서 뱃놀이를 하는 사람들」(1879) 등이 있다.

마그리트(René Magritte, 1898~1967) 121~122
벨기에 초현실주의의 창시자로, 그의 작품은 사물이나 이미지의 결합과 병치, 변모 등을 통해 통상적인 논리를 무너뜨리는 신선한 이미지를 창조했다. 주요 작품으로 「이미지의 배반」(1928~29), 「천리안」(1936) 등이 있다.

마네(Edouard Manet, 1832~1883) 101~104, 143~144
프랑스 화가. 「풀밭 위의 점심」(1863), 「올랭피아」(1865) 같은 문제작들을 통해 당시까지의 주류적인 미술 전통에 반기를 듦으로써 현대 회화의 선구가 되었다. 그의 작품은 당시의 예술계와, 특히 인상주의에 큰 영향을 주었다.

마르코스(Subcomandante Marcos, 1957?~) 67, 134

1994년 멕시코 치아파스에서 봉기한 사파티스타 민족해방군(EZLN) 부사령관. 콜럼버스의 아메리카 대륙 발견 이래의 원주민 수탈사와 그들의 저항을 빗대, 자신이 오백 살이 넘었다고 한다. 우리의 무기는 오로지 진실의 언어뿐이라며 인터넷을 통해 전세계에 민주주의, 정의, 자유, 평화를 외치고 있다.

마리네티(Filippo Tommaso Emilio Marinetti, 1878~1944) 177
이탈리아의 소설가이자 시인. 1909년 「미래주의 선언」을 발표, 과거 전통에서 벗어나 모든 해방을 목표로 하는 미래주의 운동을 창시했다. 주요 작품으로는 『미래파의 사람 마파르카』(1910), 『트리폴리 전쟁』(1911) 등이 있다.

마사초(Masaccio, 1401~1428) 110, 146

15세기 이탈리아의 피렌체파 화가. 브루넬레스키의 원근법 원리를 탐구하여, 새로운 시각적 세계를 창조하였다. 피렌체의 산타마리아노베라 성당의 「성삼위일체」(1427년경)와 브란카치 예배당의 벽화가 있다.

마티스(Henri Matisse, 1869~1954) 39

프랑스의 화가. 20세기 초 야수파의 선구자인 그는 원색의 대담한 병렬에 따른 강렬한 표현을 보여주었다. 주요 작품으로 「독서하는 여인」(1897), 「삶의 기쁨」(1905~06), 「붉은 화실」(1911) 등이 있다.

마흐말바프(Mohsen Makhmalbaf, 1957~) 123~124

이란의 영화감독. 십대 때부터 반정부운동에 가담했고, 1980년부터 단편소설과 희곡을 쓰기 시작했다. 1982년에 「노수의 회개」로 감독이 된 이후 현재 이란에서 가장 중요한 감독으로 평가받고 있다. 대표작은 「칸다하르」(2001).

말라르메(Stéphane Mallarmé, 1842~1898) 127

프랑스의 시인. 포와 보들레르의 전통을 이은 그의 시는 지적인 유추에 의존하는 상징적 수법으로 쓰였으며, 새로운 개념과 언어의 사용을 보여준다. 작품으로는 장시 『목신의 오후』(1876), 『던져진 주사위』(1897) 등이 있다.

말로(André Georges Malraux, 1901~1976) 165, 227

프랑스의 소설가·정치가. 전체주의가 대두하자 지드 등과 함께 반파시즘운동에 참가하였고, 드골 정권하에서 정보·문화 장관을 역임했다. 주요 저서로 『정복자』(1928), 『인간의 조건』(1933), 『희망』(1937) 등이 있다.

망글라노-오바예(Iñigo Manglano-Ovalle, 1961~) 124

스페인 태생의 미국 미술가. 주로 비디오를 이용한 설치작업과 공공미술 프로젝트를 하고 있다.

모네(Claude Monet, 1840~1926) 55, 85

프랑스의 인상주의 화가. 순간적인 빛의 변화를 탐구하여 인상주의의 포문을 열었으며 '빛은 곧 색채'라는 인상주의 원칙을 끝까지 고수했다. 주요 작품으로는 「카퓌신 거리」(1873), 「수련」(1883), 「루앙대성당」(1894) 등이 있다.

인물 찾아보기 **281**

뭉크(Edvard Munch, 1863~1944) 115~116, 149

노르웨이의 화가. 그의 회화와 판화는 생(生)과 사(死), 사랑과 관능, 공포와 우수가 강렬한 색채로 표현된 독자적인 양식을 보여준다. 대표작으로 「절규」(1893)와 「생명의 프리즈」(1894) 연작, 「사춘기」(1895) 등이 있다.

미켈란젤로(Michelangelo Buonarroti, 1475~1564) 32, 41~42, 163, 173, 231

르네상스 시기 이탈리아의 조각가·건축가·화가. 주요 작품으로 피렌체대성당의 「다비드」(1504), 시스티나대성당의 「최후의 심판」(1541) 등이 있다.

밀레(Jean François Millet, 1814~1875) 75
프랑스의 화가. 농민 생활을 주제로 하여 시적(詩的) 정감과 종교적인 느낌이 감도는 작품을 확립했다. 주요 작품으로 「씨 뿌리는 사람」(1850), 「이삭 줍기」(1857), 「만종」(1859) 등이 있다.

바사리(Giorgio Vasari, 1511~1574) 41~42, 231

이탈리아의 화가·건축가·미술사가. 피렌체와 로마에서 건축가로 활동했으며, 메디치가의 후원 아래 다양한 프레스코화와 우피치궁 설계 등을 맡았다. 르네상스 미술가들을 기록한 『미술가 열전』(1550)을 집필했다.

버튼(Tim Burton, 1958~) 250~274
미국의 영화감독. 월트디즈니의 애니메이터로 근무했다가 1980년대 중반 본격적으로 영화를 만들었다. 「비틀쥬스」, 「배트맨」, 「가위손」, 「에드 우드」, 「화성침공」 등 상상력과 판타지가 넘치는 영화를 만들었다.

베르토프(Dziga Vertov, 1896~1954) 18, 51, 81, 156
러시아의 다큐멘터리 영화감독. 준비된 시나리오와 연출된 연기 대신 실제 삶의 조각들로 영화를 구성하였으며, '카메라-눈'이라는 개념을 통해 기계와 인간의 혁명적인 접속을 새롭게 사고했다. 주요 작품으로 「10월혁명기념일」 (1919), 「카메라를 든 사나이」(1929) 등이 있다.

베를리오즈(Louis-Hector Berlioz, 1803~1869) 40

프랑스의 유일한 교향곡 작곡가로서 '표제음악'이라는 관현악곡 스타일을 창시하여 많은 작곡가에게 큰 영향을 끼쳤다. 주요 작품으로 「환상 교향곡」(1830), 「레퀴엠」 (1837), 「벤베누토첼리니」(1838) 등이 있다.

베이컨(Francis Bacon, 1909~1992) 116
영국의 화가. 그의 작품은 명화나 사진에 나타난 인물을 '고기'의 형태로 변형시켜 기하학적 폐쇄 공간 안에 배치하는 독특한 표현 양식을 보여준다. 주요 작품으로 「십자가 책형의 바탕을 위한 세 가지 형태 연구」(1944)가 있다.

브레송(Robert Bresson, 1907~1999) 49, 128
프랑스의 영화감독. 극도로 단순한 이미지를 살려 '충실한 신조로 살아가는 자의 행복'이라는 테마를 엄격한 창작 태도로 실천하였다. 주요 작품으로 「시골 사제(司祭)의 일기」(1950), 「사형수 탈옥하다」(1956) 등이 있다.

브르통(André Breton, 1896~1966) 99
프랑스의 예술가. 초현실주의의 주창자이다. 다다이즘 운동에 참여하기도 하였으며, 1924년 「초현실주의 선언」을 발표하면서, 꿈·잠·무의식을 표현하는 예술을 주장했다. 대표작으로 「나자」(1928)가 있다.

세잔(Paul Cézanne, 1839~1906)　31~32, 43, 53~54, 72, 74, 84, 207~209

프랑스의 화가. 인상주의자들과 함께 작업했으나, 구도·형상·색채를 추상화하면서 독자적인 화풍을 이루어갔다. 구조와 색채에 대한 표현은 이후 입체파와 야수파에 영향을 주어 20세기 추상회화의 성립에 공헌했다.

쇠라(Georges Pierre Seurat, 1859~1891)　56~57, 86, 122, 150, 166

프랑스의 화가. 색채학과 광학이론을 연구하여 인상주의의 색채 원리를 과학적으로 체계화하는 한편 '점묘법'을 탄생시켰다. 주요 작품으로는 「그랑자트 섬의 일요일 오후」(1884~86) 등이 있다.

아르토(Antonin Artaud, 1896~1948)　94

프랑스 극작가, 시인, 배우. 『잔혹극 선언』(1932)과 『연극과 그 분신』(1938)이라는 글을 통해 배우와 관객이 마술적 의식 속에서 일체가 되는 물질적 연극을 주장하여 현대 연극에 큰 영향을 끼쳤다.

에셔(Maurits Cornelis Escher, 1898~1972)　111, 147
기하학과 수학적 개념을 토대로 상상에서 비롯된 이미지를 표현한 네덜란드의 판화가·화가. 평면의 규칙적 분할을 통한 무한 공간과 원, 회전체 등이 주요 소재이다. 주요 작품으로 「그리는 손」(1948), 「상대성」(1953) 등이 있다.

왕자웨이(王家衛, 1958~)　120
1988년 「열혈남아」로 데뷔하여 중국 최고의 신예 감독으로 부상했으며 「아비정전」(1990), 「동사서독」(1994), 「중경삼림」(1994), 「해피 투게더」(1997),

「화양연화」(2000) 등으로 독특한 영화미학을 보여주었다.

워홀(Andy Warhol, 1928~1987)　168~170, 172, 219~221
미국의 팝아티스트. 매스미디어의 이미지를 실크스크린으로 캔버스에 전사(轉寫) 확대하는 수법으로 현대의 대량소비문화를 찬미하는 동시에 비판하는 '팝아트' 작업을 했으며, 실험영화, 소설 등 다양한 방면에서 활동했다.

유켈스(Mierle Laderman Ukeles, 1939~)　200~201, 241
미국의 공공미술가. 그는 1969년에 '보전예술'(Maintenance Art)이라는 개념을 창조하여 가사, 모든 유형의 서비스, 도시 환경 더 나아가 지구의 보전에 적용하였다. 또 뉴욕시 청소과에 무보수로 30년간이나 재직하기도 했다.

지아장커(賈樟柯, 1970~)　193~194

이른바 중국 6세대의 영화감독인 그는 중국 인민의 현실과 삶에 주목하는 영화들로, 새로운 중국 영화의 미래를 보여준다. 작품으로는 「소무」(1997), 「플랫폼」(2000), 「임소요」(2002), 「스틸 라이프」(2006) 등이 있다.

채플린(Charles Spencer Chaplin, 1889~1977)　170, 204~205

희극배우이자 영화감독. 콧수염, 실크 해트, 지팡이 등을 이용한 거지 신사의 분장과 연기로 세계적인 인기를 얻었다. 「황금광시대」(1925), 「모던 타임즈」(1936), 「위대한 독재자」(1940) 등이 대표작.

첸카이거(陳凱歌, 1952~)　193~194
중국 5세대의 대표적인 영화감독으로, 상징과 은유적인 방식으로 중국 문화와 현실을 표현하였다. 「황토지」(1984)와 「패왕별희」(1993)가 대표작.

카프카(Franz Kafka, 1883~1924) 158

체코에서 태어나 독일어로 글을 쓴 유대인 작가. 「변신」(1912), 『실종자』(1914), 『성』(1917) 등을 통해 인간 운명의 부조리, 존재의 불안을 극한까지 표현하여 실존주의 문학의 선구자로 평가받는다.

칸딘스키(Vasilii Kandinskii, 1866~1944) 166, 229

러시아의 화가. 선명한 색채로 교향악적이고도 역동적인 추상 표현을 관철한 뒤 점차 기하학적 형태에 의한 구성적 양식을 추구하여 독자적인 발자취를 남겼다. 주요 작품으로 「푸른 산」(1908~09), 「구성 VII」(1913) 등이 있다.

케이지(John Cage, 1912~1992) 174

미국의 작곡가. 어떤 소리도 음악이 될 수 있다면서 여러 가지 소리들을 과감하게 사용, 음악에 대한 성찰을 불러왔고, 도안악보(圖案樂譜)의 창안 등 독창성 넘치는 활동을 하였다. 무음 연주로 유명한 「4분 33초」(1952)가 대표작.

쿠르베(Gustave Courbet, 1819~1877) 45~47, 80, 213~215

19세기 프랑스 회화의 낭만주의적 표현을 배격하고, 현실을 있는 그대로 직시하고 묘사할 것을 주장한 프랑스 화가. 큰 스케일, 명쾌한 구성으로 「석공」(1849), 「안녕하세요, 쿠르베씨」(1854) 등을 그렸다.

클레(Paul Klee, 1879~1940) 39, 59~61, 63, 78, 87~88, 120, 210~212

스위스 태생 독일 화가. 표현주의나 초현실주의 등의 여러 요소를 절충하여 시적(詩的)인 환상과 서정성이 풍부한 추상화를 주로 그렸다. 주요 작품으로 「식물과 대지, 공기의 영역 스케치」(1920), 「새로운 천사」(1920) 등이 있다.

키아로스타미(Abbas Kiarostami, 1940~)　123~124, 245
이란의 영화감독. 「내 친구의 집은 어디인가」(1987)로 세계적으로 알려진 그는 이후 「그리고 삶은 계속된다」(1992), 「체리향기」(1996) 등의 작품으로 칸 영화제 등에 입상하면서 유럽에서 절정의 인기를 누리고 있다.

타티(Jacques Tati, 1908~1982)　204

프랑스의 희극배우·영화감독. 제2차 세계대전 후에 감독·주연한 장편 희극 「늘보 장군의 탈선」(1947)으로 세계적인 명성을 얻었고, 「윌로씨의 휴가」(1953), 「나의 아저씨」(1958) 등을 통해 독특한 희극적 경지를 개척했다.

티치아노(Vecellio Tiziano, 1488?~1576)　101~102, 143

이탈리아의 화가. 사실적 묘사, 명쾌한 색채, 강렬한 필치로 고전적 양식에서 완전히 탈피하여 격정적인 바로크 양식의 선구자로서 17세기의 루벤스, 렘브란트로 이어지는 길을 개척하였다. 주요 작품으로 「우르비노의 비너스」(1538) 등이 있다.

팅겔리(Jean Tinguely, 1925~1991)　132, 153
스위스의 키네틱아트 및 신사실주의 조각가. 동력을 이용한 금속 조각 작품들을 발표하면서 기계의 순기능과 역기능 사이의 모순들을 비판했다. 1960년 전시된 「뉴욕 찬가」는 '모든 것은 움직인다. 움직이지 않는 것은 존재하지 않는다'는 키네틱아트의 본질을 잘 보여주었다.

폴록(Paul Jackson Pollock, 1912~1956)　173~174
미국의 화가. 표현주의를 거쳐 격렬한 필치를 거듭하는 추상화를 창출했고 화포 위에 물감을 떨어뜨리는 액션페인팅 기법을 개발하여 큰 영향을 끼쳤다. 「남성과 여성」(1942), 「성당」(1947), 「가을의 리듬」(1950) 등이 주요작.

피카비아(Francis Picabia, 1879~1953)　230

프랑스의 화가이며 시인, 편집인. 인상주의로 시작하여 입체파, 황금분할파, 오르피즘, 다다이즘과 초현실주의까지 모던아트 전반에 관심을 보인 프랑스 화가이다. 1916년에는 전위잡지 『391』을 창간하였고, 주요 작품으로 「활기 없는 자연」(1920)이 있다.

피카소(Pablo Picasso, 1881~1973)　33, 50, 53, 107, 111
스페인의 화가. 브라크와 함께 입체주의를 창시하고 현대 미술의 영역과 양식을 개척했으며, 평화 옹호 운동에도 적극적으로 참가했다. 주요 작품으로 「아비뇽의 처녀들」(1907), 「볼라르의 초상」(1910), 「만돌린을 든 소녀」(1910), 「게르니카」(1937) 등이 있다.

하케(Hans Haacke, 1936~)　184
독일의 미술가. 초기에는 추상적인 회화 작업을 했으나, 1965년경 뉴욕으로 이주하면서부터 생태학적인 체계에 관심을 보였고, 이후 사회적이고 이념적인 체계에 대한 분석으로 이어졌다. 미술을 통해 기존 질서를 비판하는 작업을 해오고 있다.